Managing Kubernetes

Kubernetes

매니징 쿠버네티스

| 표지 설명 |

표지 그림은 영국 그레이트브리튼섬 해안에 서식하는 바이올렛 불가사리(violet crossfish, 학명 *Uraster violacea*)입니다. 색깔은 밝은 오렌지빛에서 진한 빨간색에 이르까지 다양하며, 표면에 푸른 점이 있습니다. 팔 끝으로 갈수록 따뜻한 느낌의 색과 섞여 있으며 눈부신 보라빛이 강렬해집니다. 길이는 보통 10~12cm입니다. 일반적인 불가사리와 같이 잡식성이며 조류, 해면, 바다 고둥, 조개류나 다른 작은 식물과 생명체를 먹고 삽니다.

오라일리 표지의 동물들은 대부분 멸종 위기종입니다. 이 동물들은 모두 우리에게 중요합니다. 이들을 돕고 싶다면 animals.oreilly.com을 방문해주세요. 표지 그림은 에드워드 포브스(Edward Forbes)의 『A History of British Starfish and other Animals of the Class Echinodermata』에서 가져왔습니다.

매니징 쿠버네티스

창시자가 알려주는 쿠버네티스 클러스터 현장 운영 기법

초판 1쇄 발행 2019년 6월 5일

지은이 브렌던 번스, 크레이그 트레이시 / **옮긴이** 오성근 / **펴낸이** 김태헌
펴낸곳 한빛미디어(주) / **주소** 서울시 서대문구 연희로2길 62 한빛미디어(주) IT출판사업부
전화 02-325-5544 / **팩스** 02-336-7124
등록 1999년 6월 24일 제25100-2017-000058호 / **ISBN** 979-11-6224-192-9 93000

총괄 전태호 / **책임편집** 이상복 / **기획·편집** 윤나리
디자인 표지 신종식 내지 김연정 조판 이경숙
영업 김형진, 김진불, 조유미 / **마케팅** 송경석, 김나예, 이행은 / **제작** 박성우, 김정우

이 책에 대한 의견이나 오탈자 및 잘못된 내용에 대한 수정 정보는 한빛미디어(주)의 홈페이지나 아래 이메일로 알려주십시오. 잘못된 책은 구입하신 서점에서 교환해드립니다. 책값은 뒤표지에 표시되어 있습니다.

한빛미디어 홈페이지 www.hanbit.co.kr / **이메일** ask@hanbit.co.kr

지금 하지 않으면 할 수 없는 일이 있습니다.
책으로 펴내고 싶은 아이디어나 원고를 메일(writer@hanbit.co.kr)로 보내주세요.
한빛미디어(주)는 여러분의 소중한 경험과 지식을 기다리고 있습니다.

Managing
Kubernetes

매니징 쿠버네티스

O'REILLY® ｜ 한빛미디어 Hanbit Media, Inc.

지은이 · 옮긴이 소개

지은이 브렌던 번스 Brendan Burns

오픈 소스 컨테이너 운영 플랫폼인 쿠버네티스의 공동 창시자. 현재 마이크로소프트에서 애저 리소스 매니저를 운영하며 애저 컨테이너 서비스 팀을 이끄는 엔지니어입니다. 마이크로소프트 이전에는 구글 클라우드 플랫폼에서 수석 엔지니어로 근무했습니다. 클라우드 분야로 이전하기 전 구글 검색 엔진 개발에 큰 기여를 한 웹 검색 백엔드를 개발했습니다. 뉴욕 스키넥터디에 있는 유니온 대학 Union College에서 컴퓨터 과학 교수로 역임했으며, 매사추세츠 대학교 애머스트에서 컴퓨터 과학 박사 학위를 윌리엄스 칼리지에서 학사 학위를 받았습니다.

지은이 크레이그 트레이시 Craig Tracey

20년 경력의 인프라 엔지니어. 커널 장치 드라이버부터 대용량 클라우드 스토리지 서비스와 분산 컴퓨팅 플랫폼에 이르기까지 다양한 개발 경력이 있습니다. 현재 헵티오Heptio의 현업 개발자로 클라우드 네이티브 아키텍처의 원칙을 가르치며 다양한 기관이 쿠버네티스를 도입하는 것을 돕고 있습니다. 별다른 일이 없을 땐 보스턴에서 지내며 하키와 유럽 여행을 즐깁니다. 로드아일랜드주 프로비던스 칼리지Providence College에서 컴퓨터 과학 학사 학위를 받았습니다.

옮긴이 오성근 osk@mensakorea.org

SK텔레콤에서 통신망 시스템을 구축, 관리, 운용하는 업무를 거쳐 현재 Core솔루션팀에서 다양한 상용환경의 문제를 해결하는 업무를 맡고 있습니다. 쿠버네티스 및 오픈스택을 비롯한 클라우드/가상화 인프라 영역과 4G EPC, 5G MEC, 5G SA 서비스 장비를 담당하고 있습니다.

빠르게 발전하는 클라우드 환경에서 안정적인 통신 시스템을 서비스할 수 있도록 노력하며, 사내 강사로 활동하고 있습니다. 중앙대학교 컴퓨터공학부에서 학사 학위를, 고려대학교 컴퓨터정보통신대학원에서 석사 학위를 받았습니다. 번역서로 『VMware vSphere6 서버 가상화 구축과 운용』 (에이콘출판사, 2015), 『오픈스택 인 액션』(2016), 『처음 시작하는 AWS람다』(이상 한빛미디어, 2016)가 있습니다.

옮긴이의 말

가상화 기술은 클라우드 서비스의 확대와 함께 지속적으로 발전하고 있습니다. 특히 최근 주목 받고 있는 컨테이너 기술은 VM보다 가볍고 빠르게 작동하는 경량화된 가상 기술이며, 쿠버네티스는 이러한 컨테이너 클러스터의 대표적인 관리 시스템으로 각광받고 있습니다.

컨테이너는 빠르게 작동하는 장점을 가지면서도 개발, 검증, 스테이징, 상용 환경까지, 각 시스템들의 환경을 비교적 적은 리소스로 동일하게 유지할 수 있는 방법으로도 유용합니다. 저는 통신 애플리케이션 및 가상화 인프라에 대한 검증 업무도 수행하고 있는데, 늘 검증 환경과 상용 환경을 동일하게 맞추기 위해 노력하고 있으며, 버전 불일치 등의 경우에는 종종 엉뚱한 문제를 겪기도 합니다. 특히 가상화 환경이 되면서 레이어가 늘어나고, 범용 소프트웨어와 오픈 소스의 비중이 확대되어 관리해야 할 포인트가 많아진 이 시점에서는, 폭증하는 트래픽에 대한 유연성과 서비스 안정성을 모두 확보하기 위한 솔루션 차원의 고민이 많습니다.

이 책은 쿠버네티스를 만든 브렌던 번스가 직접 저술한 책이고, 세부적인 실습보다는, 쿠버네티스의 핵심 철학을 근간으로 하여 개념 중심으로 쓴 책입니다. 번역을 하면서도 느꼈지만, 쿠버네티스는 워낙 발전 속도가 빨라서 세부적인 설정 항목이나 API 등은 언제든지 업데이트되고 변경되거나 없어질 수 있습니다. 중요한 개념 흐름을 이 책을 통해 배우고 세부적인 항목은 쿠버네티스 공식 사이트를 참조하시길 바랍니다.

번역하기 까다로운 부분들은 더욱 쉽게 읽을 수 있도록 저자의 의도를 해치지 않는 선에서 의역하였고, 배경지식 여부에 따라 이해가 안 될 수도 있는 부분은 가능한 옮긴이주를 많이 덧붙였지만, 독자에게 더 쉽게 전달하지 못한 점이 있을까 아쉬움이 남습니다. 혹여나 누락되거나 잘못된 부분이 있다면 출판사를 통해 정오표를 제공할 예정이며, 언제든지 출판사나 저에게 알려주시면 반영하도록 노력하겠습니다.

다음은 번역 용어나 번역 규칙 등에 대한 몇 가지 참고 사항이며, 이 책을 읽기 전에 미리 알아 두면 도움이 될 것입니다.

- 대부분의 용어는 「쿠버네티스 한글화팀 용어집」의 표기법에 따랐습니다(*http://bit.ly/ k8s-korean*).
- 용어집에 없는 단어는 위키백과 표제어 표기를 따랐습니다.
- 그 외에 한글화하여 어색한 단어는 일반적인 실무 및 커뮤니티에서 사용하는 것처럼 음차 표기했으며, 각 용어가 처음 나올 때 한영 병기를 했습니다.

이 책이 출간되기까지 적극적인 관심과 지원을 해주신 성진수 그룹장님, 강경표 리더님, 이기복 님, 주변에서 힘이 되어주신 선후배님, 동료분들, 번역 과정에서 항상 친절한 안내와 상세한 조언을 해주신 윤나리 님 외 한빛미디어 관계자분들께 감사의 인사를 드립니다.

마지막으로 몇 달 동안 주중은 야근, 주말은 번역으로 두 살 다윤이의 육아를 내팽개칠 수밖에 없었는데, 늘 곁에서 도와주신 양가 부모님과 둘째를 가진 상태에서도 함께 응원해준 아내 지은에게 진심 어린 감사와 뜨거운 사랑을 보냅니다.

오성근

2019년 5월

이 책에 대하여

누구를 위한 책인가

이 책은 쿠버네티스를 운영하는 사람이나 아키텍처와 설치 및 유지 방법에 대한 깊은 지식을 얻고자 하는 사람을 대상으로 합니다(직접 구축하거나 클라우드 업체에서 서비스 받는 두 가지 경우 모두 해당합니다). 물론 쿠버네티스 사용자나 개발자에게도 유용한 정보가 있긴 합니다만, 궁극적으로 이 책은 대부분의 쿠버네티스 사용자에게 필요한 것보다는 낮은 수준으로 구성되어 있습니다. 대신 쿠버네티스 환경에서 애플리케이션을 개발하는 개발자를 위해 클러스터를 안전하고 안정되게 유지/확인하는 일을 맡는 인프라 운영자를 위한 세부 정보에 더 집중했습니다.

이 책을 쓴 이유

쿠버네티스를 활용해 애플리케이션을 구축하고 배포하는 방법을 설명하는 온라인 문서나 출판물이 많아지고 있지만 쿠버네티스 클러스터를 설치, 유지 관리, 업그레이드하는 운영자를 위한 내용은 비교적 적습니다. 이 책은 이러한 격차를 좁히고자 쿠버네티스를 성공적으로 운영하는 데 필요한 정보를 간결하게 모았습니다.

오늘날 쿠버네티스는 사람들이 컨테이너를 관리하고 클라우드 네이티브 애플리케이션을 빌드하는 가장 일반적인 방법입니다. 또한 주요 클라우드 업체 모두 쿠버네티스 서비스를 제공합니다. 하지만 모든 사람이 클라우드 서비스를 이용할 수 있는 건 아닙니다. 병원이나 금융 기관처럼 데이터와 관련해 규제가 엄격하거나, 제한된 대역폭 때문에 클라우드 서비스를 사용하기 어려운 경우(예를 들어 외딴 곳에 있는 비행장이나 석유 시추선 같은 곳)가 그렇습니다. 혹은 서비스를 이용하지 않고 직접 쿠버네티스를 실행하는 데 필요한 기술을 습득하고 싶을 수도 있습니다.

이 책에서 필자는 쿠버네티스를 운영하며 겪은 다양한 경험으로 얻은 지식을 공유하고자 합니다. 독자 여러분은 이 책을 읽고 필자가 겪었던 고난과 시련, 시행착오를 피해갈 수 있기를 간절히 바랍니다.

이 책의 구성

이 책은 쿠버네티스가 어떻게 작동하는지 정리하고 쿠버네티스 클러스터를 성공적으로 운영하는 데 필요한 세부 주제를 자세히 설명합니다. 1장에서는 쿠버네티스와 관련한 다양한 논의 주제를 소개한 후 2장에서 5장까지 쿠버네티스 아키텍처와 구성 요소의 세부 사항을 살펴봅니다. 이 네 개 장에서는 구성 요소에 대한 개요뿐만 아니라 쿠버네티스 API를 구현하는 방법에 관해서도 설명합니다. 또한 4장에서는 쿠버네티스 API 요청과 처리 방법을, 5장에서는 클러스터에 파드를 스케줄하는 방법을 설명합니다. 쿠버네티스가 작동하는 방법을 깊이 있게 이해한다면, 장애가 발생했을 때 무엇을 어떻게 대처해야 하는지 잘 알 수 있고, 사용자 지원을 더 효과적으로 할 수 있습니다.

이 책의 나머지 부분은 클러스터를 운영하는 데 확실히 집중하고 있습니다. 뒷부분에서는 쿠버네티스 클러스터 설치 및 업그레이드(6장), 사용자 관리, 인증, 인가(7~8장), 승인 제어(9장), 네트워킹(10장), 모니터링 및 재해 복구(11~12장)를 포함한 쿠버네티스 클러스터 운영 관리에 필요한 세부 항목을 자세히 다룹니다. 마지막 13장에서는 쿠버네티스 클러스터를 확장하는 다양한 방법을 설명합니다.

감사의 말

제 모든 일을 지원해주고 사랑해준 멋진 가족, 로빈, 줄리아, 이선에게 고맙습니다. 그리고 쿠버네티스 공동체까지. 여러분의 도움 없이는 불가능한 일이었습니다.

브렌던

저의 미친 꿈을 항상 지지해준 가족, 특히 아내에게 고마움을 전합니다.

크레이그

초고를 검토해준 스콧 콜리어, 레이시 벤슨, 세바스티앙 고아스구엔, 에릭 세인트 마틴, 제롬 페타초니, 벤 스트라우브, 제이슨 이에게 감사합니다. 원고를 작성하고 아이디어를 모을 수 있도록 도와준 니키 맥도널드와 버지니아 윌슨에게 감사합니다. 마무리 작업에 관심을 가지고 지켜봐 준 저스틴 빌링, 섀넌 라이트, 크리스 에드워즈에게도 감사합니다.

CONTENTS

CHAPTER 1 쿠버네티스란

CHAPTER 2 쿠버네티스 살펴보기

CONTENTS

7 인증과 사용자 관리

CONTENTS

CHAPTER 11 모니터링

CONTENTS

쿠버네티스란

쿠버네티스는 컨테이너화된 애플리케이션을 배포하기 위한 오픈 소스 오케스트레이터^{orchestrator}입니다. 쿠버네티스는 애플리케이션 지향 API[1]로 구글이 컨테이너에 확장 가능하고 안정적인 시스템을 배포해온 10년의 경험을 토대로 개발해 배포했습니다. 쿠버네티스가 오픈 소스로 공개된 이후 활발한 오픈 소스 커뮤니티 기여자들 덕분에 발전했습니다.[2]

점점 더 많은 개발자가 신뢰할 수 있는 분산 시스템을 배포하고 머신러닝, 빅데이터, 기타 대용량 일괄 작업을 실행하기 위해 쿠버네티스를 사용합니다. 쿠버네티스 클러스터는 간단한 선언 구문을 사용하여 애플리케이션을 정의하고 배포할 수 있게 해주는 오케스트레이션 API를 제공합니다. 또한 쿠버네티스 클러스터는 오류가 있는 경우 애플리케이션을 복구하는 수많은 온라인 자가 재해 복구 알고리즘을 자체적으로 제공합니다. 마지막으로 쿠버네티스 API는 소프트웨어 무중단 업데이트를 더욱더 쉽게 수행할 수 있게 배포하며, 서비스의 여러 레플리카 간에 트래픽을 쉽게 분산할 수 있는 서비스 로드 밸런서^{load balancer} 개념을 제공합니다. 쿠버네티스는 서비스의 네이밍과 검색을 위한 툴을 제공하므로 느슨하게 결합한 마이크로서비스 아키텍처를 구축할 수 있습니다. 쿠버네티스는 공공 인프라뿐만 아니라 사설 클라우드에서도 널리 사용됩니다.

---

1 Brendan Burns et al., Borg, Omega, and Kubernetes: Lessons Learned from Three Container-Management Systems over a Decade",(*http://bit.ly/2vIrL4S*) ACM Queue 14 (2016): 70-93.

2 옮긴이주_ 이 책의 용어 표기는 「쿠버네티스 한글화팀 용어집」을 기초로 합니다. 용어집에 없는 단어는 위키백과 표제어를 따랐습니다. 한글화하여 어색한 단어는 일반적인 실무 및 커뮤니티에서 사용하는 것처럼 음차 표기했으며, 각 용어가 처음 나올 때 한영 병기를 했습니다. 용어집은 다음 문서를 참고하세요. *http://bit.ly/k8s-korean*

이 책은 쿠버네티스 클러스터 운영에 집중하고 있습니다. 직접 자신의 하드웨어에서 클러스터를 운영하거나 팀에 소속되어 대규모 조직을 위한 클러스터를 운영하는 독자를 대상으로 합니다. API를 넘어 시스템의 내부를 더 자세히 배우고자 하는 쿠버네티스 사용자에게 좋은 책입니다. 여러분이 현재 어느 위치에 있든지 관계없이 시스템을 관리하는 방법에 관한 지식을 넓히면 쿠버네티스를 다룰 때 필요한 모든 것을 얻게 될 것입니다.

> **NOTE_ 클러스터**는 쿠버네티스가 최종 사용자에게 줄 수 있는 전체 컴퓨팅 리소스를 제공하기 위해 함께 작동하는 여러 시스템을 말합니다. 쿠버네티스 클러스터는 모두 단일 API로 제어되며 해당 API의 사용자가 사용할 수 있는 시스템 모음입니다.
>
> 쿠버네티스 클러스터를 운영하는 데 필요한 기술에는 다양한 주제가 있습니다.
>
> - 클러스터 작동 방식
> - 클러스터 조정, 보안, 적용 방법
> - 클러스터를 이해하고 문제에 대응하는 방법
> - 새로운 기능과 사용자 정의 기능으로 클러스터를 확장하는 방법

1.1 클러스터 작동 방식

시스템을 관리하려면 해당 시스템의 작동 방식을 아주 잘 이해해야 합니다. 시스템이 어떤 부분으로 이루어져 있으며, 어떻게 서로 잘 어우러져 있는지 알아야 합니다. 구성 요소와 상호 동작 방식에 대해 최소한의 대략적인 이해가 없다면 어떤 시스템도 성공적으로 관리할 수 없습니다. 기초 이해 없이 쿠버네티스만큼 복잡한 소프트웨어를 관리하는 것은 배기관이 엔진과 어떻게 관련되어 있는지도 모른 채 자동차를 수리하려는 것과 같습니다. 나쁜 생각이죠.

시스템의 구성 요소가 어떻게 결합하여 있는지는 물론 사용자가 쿠버네티스 클러스터를 사용하는 방법을 이해하는 것도 중요합니다. 쿠버네티스와 같은 툴의 사용법을 아는 것만으로도 성공적인 관리에 필요한 요구 사항을 잘 이해할 수 있습니다. 다시 자동차로 비유해봅시다. 운전자가 차에 앉는 방법과 운전하는 방식을 이해하지 못한 채로는 차를 관리할 수 없습니다. 쿠버네티스 클러스터에서도 마찬가지입니다.

마지막으로 쿠버네티스 클러스터가 사용자의 일상생활에서 차지하는 역할을 이해하는 것이 중

요합니다. 최종 사용자가 수행하는 클러스터는 무엇입니까? 어떤 애플리케이션에 배포합니까? 클러스터를 제거할 때에는 어떤 어려움이 있습니까? 쿠버네티스 API는 얼마나 복잡합니까? 자동차 비유를 완성해봅시다. 승객에게 자동차의 중요성을 이해시키기 위해서는 자동차가 승객의 정시 출근을 돕는 빠른 이동 수단임을 미리 알고 있는 것이 중요합니다. 또한 클러스터에서 사용자의 업무용 애플리케이션이 실행되고 있으며, 어떤 개발자가 새벽 3시에 발생한 문제를 해결하기 위해 쿠버네티스 API에 의존하고 있다는 사실을 이해하지 못한다면 성공적인 클러스터 운영을 위해 무엇이 필요한지 파악조차 못한 것과 같습니다.

1.2 클러스터 조정, 보안, 적용하기

클러스터의 요소가 결합된 방법과 개발자가 애플리케이션을 빌드하고 배포할 때 쿠버네티스 API를 사용하는 방법을 아는 것이 중요합니다. 또한 클러스터를 조정, 보안, 적용하기 위한 다양한 API 구성 옵션을 이해하는 것도 아주 중요합니다. 쿠버네티스 클러스터(또는 이처럼 중요한 소프트웨어)는 단순히 시작하고 실행한 뒤 내버려둘 수 있는 것이 아닙니다.

클러스터와 클러스터의 사용량에는 **주기**가 있습니다. 마치 한 개발자가 팀에 들어왔다가 떠나고, 오래된 팀이 사라지고 새 팀이 형성되는 것처럼 말입니다. 클러스터는 비즈니스가 성장하면서 확장됩니다. 그리고 쿠버네티스 릴리스는 버그 수정, 새 기능 추가, 안정성 향상을 위해 출시됩니다. 클러스터의 수요가 증가하면 이전에는 무시했던 성능 문제가 떠오릅니다. 클러스터의 수명 변화에 모두 대응하려면 명령줄 플래그, 배포 옵션, API 구성 등으로 쿠버네티스를 구성하는 방법을 이해해야 합니다.

또한 클러스터는 애플리케이션을 배포하는 대상이기만 한 것은 아닙니다. 클러스터는 애플리케이션의 보안상 취약점을 공격하기 위한 매개체가 될 수도 있습니다. 애플리케이션 위협부터 서비스 거부에 이르기까지 다양한 공격에서 보안을 유지하도록 클러스터를 구성하는 것은 클러스터를 성공적으로 운영하는 데 매우 중요합니다. 사실 대부분 보안 강화는 실수를 방지하기 위한 것입니다. 팀 내에서 혹은 사용자가 실수로 다른 팀의 서비스를 '공격'하는 상황이 발생할 수 있기 때문입니다. 그러나 때때로 능동적인 공격이 발생하기도 하므로, 공격 발생 시점을 탐지하고 초기 대응을 잘 하기 위해서 클러스터를 잘 구성하는 게 중요합니다.

마지막으로 클러스터의 사용 방법을 잘 따르고 건강, 금융, 정부 행정 등 산업별로 다른 보안 표준을 준수해야 합니다. 모범적인 클러스터를 구축하는 방법을 알면 안전한 환경에서 쿠버네티스를 사용할 수 있습니다.

1.3 문제에 대응하기

어떤 일에서든 문제가 없다면 세상은 살기 좋은 곳이 될 것입니다. 물론 슬프게도 세상은 그렇게 호락호락하지 않습니다. 특히 컴퓨터 시스템은 더더욱 그렇지 않습니다. 일이 잘못될 때 중요한 것은 사용자를 통해서 문제를 알아내기보다는 자동화와 알림alert으로 신속하게 문제를 알아내고 가능한 한 빨리 시스템을 복구해 응답하도록 조치하는 것입니다.

문제가 발생했을 때 이를 감지하고 고장 난 이유를 이해하는 첫 번째 단계는 적합한 메트릭metric을 올바르게 설정하는 것입니다. 다행히 쿠버네티스 클러스터에는 이 작업을 쉽게 수행할 수 있는 두 가지 기술이 있습니다.

한 가지 기술은 쿠버네티스 자체가 일반적으로 컨테이너 안에 배치된다는 것입니다. 컨테이너는 신뢰할 수 있는 패키징과 배포 이점을 가지고 있습니다. 또한 컨테이너에는 그 자체로 CPU, 메모리, 네트워크, 디스크 사용과 같은 기본 메트릭을 관찰할 수 있는 경계가 형성될 수 있다는 장점이 있습니다. 그런 다음 이러한 메트릭을 알림과 내부 검사를 위해 모니터링 시스템에 기록할 수 있습니다.

컨테이너에서 생성되는 메트릭 외에도 쿠버네티스 코드베이스 자체에는 많은 수의 애플리케이션 메트릭이 포함되어 있습니다. 여기에는 다양한 구성 요소가 보내거나 받은 요청과 대기 시간이 포함됩니다. 이런 메트릭은 **프로메테우스 오픈 소스 프로젝트[3]**(*https://prometheus.io*)에서 널리 배포한 형식을 사용하여 표현됩니다. 또한, 이런 메트릭들은 쉽게 수집하여 그라파나Grafana 같은 다른 툴과 함께 시각화와 내부 검사를 위해 사용할 수 있는 프로메테우스에 입력할 수 있습니다.

운영체제 컨테이너의 기본 메트릭과 쿠버네티스 자체 애플리케이션 메트릭의 결합은 언제 어디서부터 잘못되었는지 디버깅하고 결정하는 데 필요한 이력 데이터가 되고 알림을 생성하는

---

3 옮긴이주_ 도커 모니터링 용도로 많이 사용하는 오픈 소스입니다.

데 사용할 수 있는 풍부한 데이터셋이 되어 시스템이 제대로 작동하지 않을 때 알려줍니다. 물론 문제를 이해하는 것은 전투의 시작에 불과합니다.

다른 한 가지 기술은 시스템의 문제에 대응하고 복구하는 것입니다. 다행스럽게도 쿠버네티스는 시스템과 결합하지 않은 모듈 방식으로 최소한의 상태만 시스템에 구축되어 있습니다. 이는 일반적으로 언제든지 시스템에 부하가 걸리거나 오작동할 수 있는 구성 요소를 다시 시작하는 것이 안전함을 의미합니다. 이러한 모듈성과 멱등성[4]은 일단 문제를 알아내기만 하면 솔루션을 만드는 게 몇 가지 애플리케이션을 다시 시작하는 것처럼 간단하다는 것을 의미합니다.

물론 어떤 경우에는 정말 끔찍한 일이 발생해 유일한 방법인 재해 복구 백업에서 클러스터를 복구할 수도 있습니다. 물론 처음부터 이러한 백업을 활성화했을 경우에 말입니다. 어떤 일이 발생했는지 알려주는 모니터링, 무언가가 고장 났을 때 알려주는 알림, 어떻게 수리해야 하는지 알려주는 시나리오뿐만 아니라, 성공적인 클러스터의 관리를 위해서는 재해 대응 및 복구 절차를 개발하고 실행해야 합니다. 그리고 계획 수립만으로는 충분하지 않다는 것을 늘 기억해야 합니다. 정기적으로 재해 복구 절차를 연습해보아야 합니다. 그렇지 않으면 진짜 문제가 발생했을 때 전혀 준비되어 있지 않을 수 있으며 심지어 계획 자체에 결함이 있을 수도 있습니다.

1.4 새로운 기능과 사용자 정의 기능으로 시스템 확장하기

쿠버네티스 오픈 소스 프로젝트의 가장 중요한 강점은 쿠버네티스 클러스터의 사용법을 구축/확장/개선하는 라이브러리, 툴, 플랫폼의 폭발적인 성장에 있습니다.

스피네이커Spinnaker나 젠킨스Jenkins 같은 지속적 배포continuous delivery(CD) 툴과 전체 애플리케이션을 쉽게 패키지하고 배포할 수 있는 헬름Helm 같은 툴이 있습니다. 데이스Deis와 같은 플랫폼은 깃 푸시 스타일 개발자 워크플로를 제공하며 쿠버네티스 위에서 서비스로서의 기능functions as a service(FaaS)으로 수많은 기능을 구현하여 사용자가 간단한 기능으로 이를 소비할 수 있게 합니다.[5] 무수히 많은 마이크로서비스를 쉽게 연결하고 내부 검사를 할 수 있게 해주는 서비스 메시 기술 외에도 인증서 생성 및 갱신 자동화 툴도 있습니다.

....

4 옮긴이주_ 연산을 여러 번 적용하더라도 결과가 달라지지 않는 성질을 의미합니다.
5 옮긴이주_ 국내 사례를 들자면 SK텔레콤의 TACO(SKT ALL Container OpenStack)도 쿠버네티스 기반으로 오픈스택을 배포하는 플랫폼입니다.

쿠버네티스 생태계에 있는 모든 툴을 사용하면 관리 중인 쿠버네티스 클러스터를 개선, 확장, 향상할 수 있습니다. 이런 툴은 사용자의 삶을 더 쉽게 만들어주고 강력하며 관리하기 쉬운 소프트웨어를 만들 수 있게 새로운 기능을 제공할 수도 있습니다.

그러나 이러한 툴을 사용하면 클러스터가 불안정해지고 보안이 취약해지며 오류가 발생하기 쉽습니다. 앞서 설명한 툴들이 쿠버네티스 클러스터가 제공하는 공식 툴처럼 느껴질 수도 있지만 실제로는 사용자를 불편하게 만들 수 있습니다. 또한 어설프고 지원이 잘 되지 않는 소프트웨어에 사용자를 노출시킬 수 있습니다.

쿠버네티스 클러스터를 운영하기 위해서는 이러한 툴, 플랫폼, 프로젝트를 클러스터에 추가하는 방법과 시기를 잘 이해해야 합니다. 특정 프로젝트가 수행하려고 시도하는 것뿐만 아니라 생태계에 존재하는 다른 솔루션에 대한 탐구와 이해도 필요합니다. 종종 사용자는 우연히 발견한 비디오나 블로그 같은 특정 툴로 어떤 문제를 알려올 것입니다. 실제로 이들은 지속적 통합continuous integration(CI)이나 지속적 배포, 인증서 교체와 같은 기능을 요구할 것입니다.

이런 프로젝트의 큐레이터 역할을 하는 것도 클러스터 운영자의 일입니다. 클러스터 운영자는 다른 솔루션을 권장하거나, 특정 프로젝트가 클러스터에 적합한지 아니면 최종 사용자에 대해 동일한 목표를 달성하는 더 나은 방법이 있는지를 알려주는 편집자나 조언자의 역할도 해야 합니다.

또한 쿠버네티스 API는 그 자체로 API를 확장하고 향상하는 다양한 툴을 포함하고 있습니다. 쿠버네티스 클러스터는 내장된 API에만 국한되지 않습니다. 새로운 API를 동적으로 추가하고 제거할 수 있습니다. 방금 언급한 기존 확장 외에도 쿠버네티스 클러스터를 운영하는 작업에는 이전에는 불가능했던 방식으로 클러스터를 향상하는 새로운 코드와 확장 기능 개발이 포함됩니다. 클러스터 운영의 일환으로 새로운 툴을 개발할 수도 있습니다. 물론 쿠버네티스 생태계에 개발한 툴을 공유하는 것은 쿠버네티스 소프트웨어를 제공해준 커뮤니티에 받은 것을 다시 돌려줄 수 있는 좋은 방법입니다.

1.5 마치며

쿠버네티스 클러스터 운영은 일련의 컴퓨터에 일부 소프트웨어를 설치하는 것 이상의 일입니다. 성공적인 관리를 위해서 쿠버네티스를 어떻게 조합할지 확실히 이해하고, 쿠버네티스를 사용하는 개발자가 클러스터를 다루는 방법을 정확하게 알아야 합니다. 사용 패턴이 바뀌면 그에 따라 클러스터를 유지, 관리, 조정, 개선하는 방법을 이해해야 합니다. 작동 중인 클러스터에서 나오는 정보를 모니터링하는 방법, 클러스터의 상태가 좋지 않을 때를 알려주는 알림, 대시보드를 개발하는 방법, 다시 상태를 좋게 만드는 방법을 알아야 합니다. 마지막으로 쿠버네티스 클러스터를 언제 어떻게 확장하여 사용자에게 도움을 줄 수 있을지를 이해해야 합니다. 여러분은 이 책에서 쿠버네티스 운영 관리의 해답을 얻을 수 있을 겁니다. 성공적으로 **쿠버네티스를 운영**하는 기술을 익혀봅시다.

쿠버네티스 살펴보기

쿠버네티스 API를 기반으로 애플리케이션을 작성, 배포, 관리하는 것은 그 자체로 복잡한 주제입니다. 이 책에서 쿠버네티스 API의 기초적인 세부 사항을 완벽하게 다루지는 않습니다. 만약 쿠버네티스가 처음인데 시스템 위에서 애플리케이션을 만드는 데 관심이 있다면, 쿠버네티스에서 애플리케이션을 구축하는 데 필요한 지식을 제공하는 다른 참고 자료를 확인하는 것이 좋습니다. 『쿠버네티스 시작하기』(에이콘출판사, 2018)를 함께 보거나 웹 검색으로 온라인 자료[1]를 찾아보는 것이 좋습니다.

이미 쿠버네티스 클러스터 운영을 책임지고 있거나 쿠버네티스 API를 높은 수준으로 이해하고 있다면 이 책이 꽤 도움이 될 것입니다. 2장에서는 쿠버네티스 기본 개념과 애플리케이션 개발에서의 역할을 소개합니다. 이 장을 읽은 후에도 쿠버네티스 사용법에 관해 다른 사용자들과 대화하는 것이 여전히 어렵다면 위에서 소개한 참고 자료를 활용할 것을 적극 권장합니다.

2장에서는 먼저 컨테이너 개념과 애플리케이션을 패키징하고 배포하는 데 사용할 수 있는 방법을 소개합니다. 그런 다음 쿠버네티스 API의 핵심 개념을 다루고 마지막으로 특정 작업을 더 쉽게 하기 위해 쿠버네티스가 추가한 몇 가지 상위 수준의 개념을 알아보도록 하겠습니다.

---

1 옮긴이주_ 쿠버네티스 한국 사용자 그룹(Kubernetes Korea Group)이 있습니다. *https://www.facebook.com/groups/k8skr/*

2.1 컨테이너

컨테이너는 도커가 등장하며 대중화되었으며 개발자가 애플리케이션을 패키지화하고 배포하는 방식에 혁명을 일으켰습니다. 그러나 혁명이 진행되는 동안 **컨테이너**라는 단어는 사람마다 다른 의미로 사용되어 왔습니다.

쿠버네티스는 **컨테이너 오케스트레이터**(조정자)이기 때문에 쿠버네티스를 제대로 이해하기 위해서는 일단 **컨테이너**가 무엇을 의미하는지 정확히 이해하는 것이 중요합니다.

실제로 컨테이너는 서로 다른 두 부분으로 이루어져 있고 관련된 기능 그룹으로 구성됩니다. 컨테이너는 다음 두 가지를 포함합니다.

- 컨테이너 이미지
- 실행 중인 프로세스 또는 프로세스를 격리하는 일련의 운영체제 개념

컨테이너 이미지는 애플리케이션 런타임을 포함하는데, 이는 바이너리, 라이브러리, 컨테이너를 실행하는 데 필요한 기타 데이터로 구성되어 있습니다. 개발자는 자신의 컴퓨터에서 애플리케이션을 컨테이너 이미지로 패키지화합니다. 그리고 다른 사용자의 컴퓨터나 데이터 센터 서버와 같은 다른 환경에서 이미지를 배포하고 실행할 때, 자신의 컴퓨터에서와 동일하게 컨테이너가 그대로 작동할 것이라고 신뢰할 수 있습니다. 다양한 환경에서의 이식성portability과 일관된 실행은 컨테이너 이미지가 추구하는 주요 가치 중 하나입니다.

컨테이너 이미지가 실행될 때 운영체제의 네임스페이스를 사용하여 실행됩니다. 이러한 네임스페이스는 프로세스를 포함하고 있으며, 이 프로세스는 시스템에서 실행 중인 다른 작업의 프로세스나 이와 관련된 것과 격리할 수 있습니다. 예를 들어 이런 격리는 실행 중인 각 컨테이너가 chroot와 같은 분리된 고유한 파일 시스템을 가지고 있음을 의미합니다. 또한 각 컨테이너에는 고유한 자체 네트워크 및 프로세스 식별자(PID) 네임스페이스가 있습니다. 즉, 한 컨테이너의 프로세스 번호 42는 다른 컨테이너의 42번과 다른 프로세스입니다. 커널 내에는 다양한 실행 컨테이너를 구분하도록 서로 다른 네임스페이스가 많이 있습니다. 또한 제어 그룹(cgroup)을 사용하면 메모리나 CPU와 같은 리소스 사용을 격리할 수 있습니다. 마지막으로 보안 강화 리눅스SELinux 또는 AppArmor와 같은 표준 운영체제 보안 기능을 실행 중인 컨테이너와 함께 사용할 수도 있습니다. 종합하자면 모든 격리는 별도의 컨테이너에서 실행되는 서로 다른 프로세스가 간섭하는 것을 더 어렵게 만들어줍니다.

이 모든 작업을 수행하기 위해 컨테이너형 애플리케이션을 빌드하고 배포하는 데 도움이 되는 여러 가지 툴이 만들어졌습니다.

첫 번째는 컨테이너 이미지 빌더입니다. 일반적으로 도커 명령줄 툴은 컨테이너 이미지를 작성하는 데 사용됩니다. 그러나 오픈 컨테이너 이니셔티브open container initiative (OCI) 표준으로 이미지 형식이 표준화되었습니다. 이 표준으로 클라우드 API, CI/CD 또는 새로운 대체 툴과 라이브러리로 제공되는 다른 이미지 빌더를 개발할 수 있었습니다.

도커 툴은 컨테이너 이미지를 만드는 방법에 대한 일련의 지침을 지정하는 **dockerfile**을 사용합니다. 도커 툴 사용법은 이 책에서 자세히 다루지 않으니, 책『도커』(제이펍, 2016)나 온라인 자료를 찾아보세요. 이전에 컨테이너 이미지를 만들어본 적이 없다면 지금 당장 이 책을 내려놓고 컨테이너에 대해 공부한 다음, 컨테이너 이미지를 몇 개 만들어보고 나서 다시 돌아오십시오.

컨테이너 이미지를 만든 후에는 해당 이미지를 사용자의 컴퓨터에서 다른 사용자, 클라우드, 개인 데이터 센터에 배포하는 방법이 필요합니다. 여기에서 **이미지 레지스트리**가 등장합니다. 이미지 레지스트리는 이미지를 업로드하고 관리하기 위한 API입니다. 이미지가 빌드되면 이미지 레지스트리로 푸시됩니다. 이미지가 레지스트리에 저장된 후에는 해당 레지스트리에 접근할 수 있는 모든 시스템으로 이미지를 가져오거나 다운로드할 수 있습니다. 모든 레지스트리는 이미지를 푸시할 수 있는 권한이 있어야 하지만 일부 레지스트리는 **공개**되어 있으므로, 이미지를 푸시하면 전세계 누구나 이미지를 가져오거나 실행할 수 있습니다. 다른 것은 **비공개**이며 이미지를 가져오기 위해서는 권한이 필요합니다. 모든 공개 클라우드에는 사용할 수 있는 서비스 레지스트리가 있으며, 자체 사용자 환경에서 다운로드해서 실행할 수 있는 오픈 소스 레지스트리 서버가 있습니다. 쿠버네티스 클러스터를 설정하기 전에, 이미지를 어디에 저장할지 알아보는 것이 좋습니다.

애플리케이션을 컨테이너 이미지로 패키징하고 레지스트리로 푸시한 다음에는, 해당 컨테이너를 사용하여 애플리케이션을 배포해야 합니다. 이때 컨테이너 오케스트레이션이 필요합니다.

2.2 컨테이너 오케스트레이션

레지스트리 어딘가에 컨테이너 이미지를 저장 후 동작하는 애플리케이션을 만들려면 컨테이너 이미지를 실행해야 합니다. 쿠버네티스와 같은 컨테이너 오케스트레이터가 필요해지는 시점입니다. 쿠버네티스의 역할은 CPU, 메모리, 디스크와 같은 컴퓨팅 리소스 그룹을 가져와서 개발자가 컨테이너를 배포하는 데 사용할 수 있도록 컨테이너 지향 API로 변환하는 것입니다.

쿠버네티스 API를 사용하면 '컨테이너 이미지를 실행하고 올바르게 운영하려면 코어 3개와 메모리 10GB가 필요합니다'와 같이 원하는 상태를 표현할 수 있습니다. 쿠버네티스 시스템은 일련의 리소스를 검토합니다. 그리고 해당 컨테이너 이미지가 실행될 수 있는 좋은 위치를 찾고 해당 컴퓨터 위치에서 컨테이너가 실행되도록 스케줄schedule합니다. 개발자는 자신의 컨테이너 이미지가 실행되는 것을 확인할 수 있지만 컨테이너가 구체적으로 어디에서 실행되는지 관심을 둘 필요는 없습니다.

물론 하나의 컨테이너만 실행하는 것은 그다지 흥미롭지 않고 신뢰하기도 어렵기 때문에 쿠버네티스 API는 '컨테이너 이미지 복사본 3개를 코어 3개와 10GB 메모리를 가진 서로 다른 컴퓨터에서 실행하고 싶습니다'라고 쉽게 표현할 수 있는 방법도 제공합니다.

그러나 오케스트레이션 시스템은 컨테이너를 서버에 스케줄하는 것 이상의 의미를 지니고 있습니다. 게다가 쿠버네티스 오케스트레이터는 문제가 발생했을 때 컨테이너를 복구하는 방법을 알고 있습니다. 컨테이너 내부의 프로세스가 충돌하면 쿠버네티스가 이를 다시 시작합니다. 사용자 정의 상태 검사health check를 정의하면 쿠버네티스는 애플리케이션이 교착 상태에 있어서 다시 시작해야 하는지(**정상 검사**liveness check), 로드 밸런싱 조정 서비스(**준비 상태 검사**readiness check)를 해야 하는지 확인할 수 있습니다.

로드 밸런싱load balancing(부하 분산)과 관련하여 쿠버네티스는 다양한 레플리카replicas(복제본)간 트래픽의 로드 밸런싱 방법을 정의하는 API 오브젝트도 제공합니다. API 오브젝트는 '실행 중인 컨테이너를 나타내는 로드 밸런서를 생성하십시오'와 같은 상태를 표현할 수 있는 방법도 제공합니다. 이런 로드 밸런서에는 검색하기 쉬운 이름이 부여되므로 여러 서비스를 클러스터 내에서 쉽게 연결할 수 있습니다.

또한 쿠버네티스는 제로 다운타임 롤아웃^{zero-downtime rollout}을 수행하고 설정, 퍼시스턴트 볼륨^{persistent volume}, 시크릿^{secret} 등을 관리하는 오브젝트를 가지고 있습니다. 다음 절에서는 쿠버네티스 API의 특정 오브젝트를 자세히 다루겠습니다.

2.3 쿠버네티스 API

쿠버네티스 API는 HTTP 및 JSON 기반의 RESTful API이며 **API 서버**가 제공됩니다. 쿠버네티스의 모든 구성 요소는 API를 이용해 통신합니다. 이런 구성에 관해서는 3장에서 자세히 다룹니다. 오픈 소스 프로젝트인 쿠버네티스 API는 항상 진화하고 있지만 핵심 오브젝트는 수년간 안정적이었습니다. 또한 쿠버네티스 커뮤니티는 개발자와 운영자가 시스템 버전별로 작업 중인 것을 변경할 필요가 없도록 강력한 하위 호환성을 제공합니다. 쿠버네티스는 다양한 언어로 된 수많은 클라이언트 라이브러리(*https://github.com/kubernetes-client*)와 API를 위한 오픈 API 규격도 제공합니다.

2.3.1 기본 오브젝트: 파드, 레플리카셋, 서비스

API에 많은 오브젝트가 있지만 쿠버네티스는 상대적으로 적은 수의 오브젝트로 시작했으며 이것이 쿠버네티스의 핵심입니다.

파드

파드^{pod}는 쿠버네티스 클러스터 스케줄링에서 가장 작은 원자^{atomic} 단위입니다. 파드는 하나 이상의 실행 중인 컨테이너로 구성됩니다(파드는 '고래 떼'를 일컫는 말이지만 도커의 고래 로고에서 착안해 쿠버네티스 API 오브젝트 이름으로 쓰게 되었습니다). 파드를 **원자**라고 하는 것은 파드의 모든 컨테이너가 클러스터에서 동일한 시스템을 차지하도록 보장한다는 의미입니다. 또한 파드는 컨테이너 사이에서 많은 자원을 공유합니다. 예를 들어 모두 동일한 네트워크 네임스페이스를 공유합니다. 즉 파드에 있는 각 컨테이너는 localhost의 파드에 있는 다른 컨테이너를 볼 수 있습니다. 또한 파드는 프로세스와 프로세스 간 통신[2] 네임스페이스를 공유하고 있어서, 공유 메모리나 시그널링signaling 같은 툴을 사용하여 다른 컨테이너에서 파드의 여러 프로세스를 제어할 수 있게 해줍니다.

이렇게 밀접한 그룹화는 메인 컨테이너와 백그라운드에서 데이터를 로딩하는 컨테이너처럼 파드가 컨테이너 사이의 공생 관계에 이상적으로 적합하다는 것을 의미합니다. 만약 컨테이너 이미지를 별도로 유지하면 일반적인 경우에 서로 다른 팀 간에 컨테이너 이미지를 소유하거나 재사용할 때 빠르게 사용할 수 있습니다. 반면 컨테이너 이미지를 런타임에 파드 안에서 함께 그룹화하면 조화롭게 사용할 수 있습니다.

사람들이 쿠버네티스에서 파드를 처음 마주할 때 때로는 잘못된 가정에 빠지게 됩니다. 예를 들어 어떤 사람은 파드를 보고 "아, 프런트엔드와 데이터베이스 서버가 파드를 구성하는구나!"라고 생각할 수 있습니다. 그러나 이는 세부 수준을 잘못 이해한 것입니다. 파드는 스케일링과 복제replication의 단위이기 때문입니다. 즉, 프런트엔드와 데이터베이스를 동일한 컨테이너에 그룹화하면 프런트엔드를 복제하는 것과 동일한 비율로 데이터베이스를 복제합니다. 아마 이런 식으로 일하려는 사람은 없을 겁니다.

파드는 애플리케이션이 계속해서 실행 상태에 있도록 도와줍니다. 컨테이너의 프로세스가 충돌하면 쿠버네티스는 자동으로 프로세스를 다시 시작합니다. 파드 또한 애플리케이션 수준의 상태 검사를 정의하여 파드를 자동으로 다시 시작해야 하는지 결정할 수 있는 다양한 애플리케이션별 방법을 제공할 수 있습니다.

레플리카셋

물론 개별 컨테이너를 실행하기 위해 컨테이너 오케스트레이터를 배포한다면, 삶 자체가 너무 복잡해질 수 있습니다. 일반적으로 컨테이너 오케스트레이션을 사용하는 주된 이유는 복제된 시스템을 안정적으로 더 쉽게 구축하기 위함입니다. 개별 컨테이너가 고장 나거나 시스템의 부하를 처리할 수 없는 경우에도 실행 중인 여러 컨테이너에 애플리케이션을 복제해놓으면 특정 순간에 서비스가 완전히 중단되거나 실패할 가능성이 크게 줄어듭니다. 또한 수평적 확장[3]으로

---

2 옮긴이주_ IPC(inter-process communication)라고 불리기도 합니다.
3 옮긴이주_ 스케일아웃을 의미합니다.

부하에 대응하여 애플리케이션을 확장할 수 있습니다. 쿠버네티스 API에서 이러한 종류의 스테이트리스stateless 복제는 ReplicaSet(레플리카셋) 오브젝트로 처리합니다. ReplicaSet은 주어진 파드 정의에서 시스템에 여러 개의 레플리카가 존재함을 보장합니다. 실제 복제는 쿠버네티스 컨트롤러 관리자가 처리하며 쿠버네티스 스케줄러에서 예약한 파드 오브젝트를 생성합니다. 이런 구조에 대한 자세한 내용은 '3.3절 구성 요소'에서 다룹니다.

> **NOTE_** ReplicaSet은 최신 오브젝트입니다. v1 릴리스에서 쿠버네티스는 ReplicationController라는 API 오브젝트를 가지고 있었습니다. **하위 호환성**을 유지하기 위해 쿠버네티스 API에 **ReplicationControllers**가 여전히 존재하기는 하지만 지금은 ReplicaSet을 훨씬 선호하므로 사용을 권장하지 않습니다.

서비스

ReplicaSet을 사용하여 애플리케이션을 복제할 수 있게 되면 다음 목표는 여러 레플리카에 트래픽을 분산시키는 로드 밸런서 장치를 만드는 것입니다. 이를 위해 쿠버네티스는 Service(서비스)라는 오브젝트를 가지고 있습니다. Service는 TCP나 UDP 로드 밸런싱 서비스를 나타냅니다. 모든 서비스는 TCP 또는 UDP에 상관없이 다음 세 가지를 가지고 있습니다.

- 자체 IP 주소
- 쿠버네티스 클러스터 DNS 항목
- Service를 구현하는 파드로 트래픽을 프록시하는 로드 밸런싱 규칙

Service가 생성되면 고정 IP 주소가 할당됩니다. 이 IP 주소는 가상 주소여서 네트워크에 있는 인터페이스와 일치하지는 않습니다. 대신 할당된 IP 주소는 로드 밸런싱될 IP 주소로 네트워크 패브릭에 프로그래밍됩니다. 패킷이 해당 IP로 전송되면 Service를 구현하는 파드 집합으로 로드 밸런스됩니다. 로드 밸런싱은 라운드 로빈round-robin이나 소스 및 대상 IP 주소 튜플tuple에 기반해 결정하는 방식으로 수행됩니다.

고정 IP 주소가 주어지면, DNS 이름이 쿠버네티스 클러스터의 DNS 서버에 프로그래밍됩니다. 이 DNS 주소는 쿠버네티스 Service 오브젝트의 이름과 동일한 의미의 이름(예: 'frontend')을 제공하며, 클러스터의 다른 컨테이너가 Service 로드 밸런서의 IP 주소를 검색할 수 있게 해줍니다.

마지막으로 Service의 로드 밸런싱은 쿠버네티스 클러스터의 네트워크 패브릭에 프로그래밍이 되어 Service IP 주소와 통신하려고 시도하는 컨테이너가 해당 파드에 올바르게 로드 밸런싱되는 방식으로 이루어집니다. 이 네트워크 패브릭 프로그래밍은 동적이므로 ReplicaSet의 장애나 확장으로 파드들이 오갈 때 로드 밸런서는 클러스터의 현재 상태와 일치하도록 끊임없이 다시 프로그래밍이 됩니다. 즉 클라이언트는 Service를 구현하는 파드에 대한 Service IP 주소 연결을 신뢰할 수 있음을 의미합니다.

스토리지: 퍼시스턴트 볼륨, 컨피그맵, 시크릿

개발자가 쿠버네티스를 처음으로 탐색해본 후에 공통으로 하는 질문은 "제 파일은 어떤가요?"입니다. 모든 컨테이너가 클러스터 안을 드나들고 서로 다른 시스템에 상주하기 때문에 컨테이너와 연결하려고 하는 파일과 스토리지를 어떻게 관리해야 하는지 이해하기가 어렵습니다. 다행히도 쿠버네티스는 파일 관리에 도움을 주는 API 오브젝트를 몇 가지 제공합니다.

쿠버네티스에서 처음 소개된 스토리지 개념은 '볼륨volume'입니다. 이는 실제로 파드 API의 일부입니다. 개발자는 파드 내에서 볼륨 집합을 정의할 수 있습니다. 볼륨은 다양한 유형에서 선택할 수 있는데, 현재로서는 NFS, iSCSI, gitRepo, 클라우드 스토리지 기반 볼륨 등 10가지가 넘는 유형의 볼륨을 생성할 수 있습니다.

> **NOTE_** 초기 볼륨 인터페이스는 쿠버네티스 내에서 코드를 작성해서 확장이 가능했습니다. 하지만 볼륨의 유형이 폭발적으로 증가하면서 이 모델이 얼마나 지속하기 어려운지 궁극적으로 깨닫게 되었습니다. 이제 새 볼륨 유형은 쿠버네티스 코드 외부에서 개발되며 쿠버네티스와는 독립된 스토리지 인터페이스인 컨테이너 스토리지 인터페이스container storage interface(CSI)를 사용합니다.

파드에 볼륨을 추가할 때 실행 중인 각 컨테이너의 임의의 위치에 볼륨을 **연결**mount하도록 선택할 수 있습니다. 이렇게 하면 실행 중인 컨테이너가 볼륨 내의 스토리지에 접근할 수 있습니다. 다른 컨테이너들은 이 볼륨을 다른 위치로 연결하거나 볼륨을 완전히 무시할 수 있습니다.

기본 파일 외에도 파드에 볼륨으로 연결할 수 있는 여러 유형의 쿠버네티스 오브젝트가 있습니다. 첫 번째는 ConfigMap(컨피그맵) 오브젝트입니다. ConfigMap은 구성 파일의 모음을 나타냅니다. 여러분이 쿠버네티스를 사용하다 보면 동일한 컨테이너 이미지에 다른 구성을 사용하고 싶어질 수도 있습니다. 파드에 ConfigMap 기반의 볼륨을 추가하면 ConfigMap의 파일이 실행 중인 컨테이너의 지정된 디렉터리에 나타납니다.

쿠버네티스는 데이터베이스 암호 및 인증서와 같은 보안 데이터에 시크릿 구성 유형을 사용합니다. 볼륨 콘텍스트 안에서 시크릿은 ConfigMap과 동일하게 동작합니다. 시크릿은 볼륨으로 파드에 부착할 수 있으며 사용 중인 컨테이너에 연결할 수 있습니다.

시간이 지나면서 볼륨을 사용해 애플리케이션을 배포하면 파드 측 볼륨 결합에 실제로 문제가 있는 것으로 나타났습니다. 예를 들어 ReplicaSet으로 복제된 컨테이너를 만들 때 모든 레플리카에서 똑같은 볼륨을 사용해야 합니다. 대부분의 상황에서는 이것이 허용되지만 때에 따라 각 레플리카마다 다른 볼륨을 사용해야 하는 경우가 있을 겁니다. 또한 정확한 볼륨 유형(예: 마이크로소프트 애저 디스크–퍼시스턴트 볼륨)을 지정하면 파드 정의를 특정 환경(이 경우 마이크로소프트 애저 클라우드)에 결합하지만, 구체적 제공자를 지정하지 않고 일반적인 스토리지(예: 10GB 네트워크 스토리지)를 요청하는 경우에는 파드 정의가 필요한 경우가 많습니다. 이를 위해 쿠버네티스는 PersistentVolumes(퍼시스턴트 볼륨)과 PersistentVolumesClaims(퍼시스턴트 볼륨 클레임)을 도입했습니다. 파드에 직접 볼륨을 결합하는 대신에 PersistentVolume이 별도의 오브젝트로 생성됩니다. PersistentVolumesClaims이 오브젝트를 특정 파드에 할당하고 이 요청으로 파드에 최종적으로 연결됩니다. 처음에는 과정이 너무 복잡해 보이지만 볼륨과 파드의 추상화는 이전의 두 가지 유스 케이스에서 요구되는 이식성과 자동 볼륨 생성을 모두 가능하게 합니다.

2.3.2 클러스터 구성 오브젝트: 네임스페이스, 레이블, 어노테이션

쿠버네티스 API를 사용하면 시스템에서 많은 수의 오브젝트를 쉽게 만들 수 있지만 오브젝트가 많아지면 클러스터를 운영하는 데 어려움을 겪을 수 있습니다. 다행히도 쿠버네티스에는 클러스터의 오브젝트에 대한 관리, 쿼리, 추론을 더 쉽게 수행 할 수 있게 도와주는 많은 오브젝트가 있습니다.

네임스페이스

클러스터 구성을 위한 첫 번째 오브젝트는 Namespace(네임스페이스)입니다. Namespace는 쿠버네티스 API 오브젝트를 위한 폴더라고 생각할 수 있습니다. Namespace는 클러스터에 있는 대부분의 다른 오브젝트를 포함하는 디렉터리를 제공합니다. 또한 Namespace는 역할 기반 접근 제어role-based access control(RBAC) 규칙의 범위를 제공할 수도 있습니다. 폴더와 마찬가지로 Namespace를 삭제하면 그 안에 있는 모든 오브젝트도 삭제되므로 주의하시기 바랍니다! 모든 쿠버네티스 클러스터에는 default라는 이름의 기본 제공 Namespace가 있으며, 보통 쿠버네티스를 설치할 때는 클러스터 운영 컨테이너가 생성되는 곳인 kube-system이라는 Namespace도 같이 생성됩니다.

> **NOTE_** 쿠버네티스 오브젝트는 네임스페이스에 배치할 수 있는지에 따라 **네임스페이스**namespaced **오브젝트**와 **비네임스페이스**non-namespaced **오브젝트[4]**로 나뉩니다. 가장 일반적인 쿠버네티스 API 오브젝트는 네임스페이스 오브젝트입니다. 그러나 전체 클러스터에 적용되는 일부 오브젝트(예: Namespace 자기 자신 또는 클러스터 수준의 RBAC)는 네임스페이스 오브젝트가 아닙니다.

쿠버네티스 오브젝트를 구성하는 것 외에도 Namespace는 Service용으로 작성된 DNS 이름과 컨테이너에 제공되는 DNS 검색 경로에도 배치됩니다. 서비스의 완전한 DNS 이름은 my-service.svc.mynamespace.cluster.internal과 비슷합니다. 즉, 서로 다른 Namespace의 서로 다른 Service가 서로 다른 정규화된 도메인 이름fully qualified domain names(FQDNs)을 갖게 된다는 뜻입니다. 또한 각 컨테이너의 DNS 검색 경로에는 Namespace가 포함되어 있습니다. 따라서 frontend에 대한 DNS 조회는 foo Namespace의 컨테이너에 대해서 frontend.svc.foo.cluster.internal로 변환되고, bar Namespace의 컨테이너에 대해서는 frontend.svc.bar.cluster.internal로 변환됩니다.

레이블과 레이블 쿼리

쿠버네티스 API의 모든 오브젝트는 연관된 임의의 레이블 집합을 가질 수 있습니다. 레이블은 오브젝트를 식별하는 데 도움이 되는 문자열 키/값 쌍입니다. 예를 들어 레이블은 "role" : "frontend"일 수 있습니다. 이는 오브젝트가 프런트엔드임을 나타냅니다. 이 레이블을 사용하여 API의 오브젝트를 조회하고 필터링할 수 있습니다. 예를 들어 API 서버가 레이블 "role" : "backend"인 모든 파드 목록을 제공하도록 요청할 수 있습니다. 이러한 요청을 **레이블 쿼리**label query 또는 **레이블 셀렉터**label selector라고합니다. 쿠버네티스 API의 많은 오브젝트는 자신에

---

4 옮긴이주_ 명령어로도 확인할 수 있습니다. kubectl api-resources --namespaced=true 또는 false로 확인할 수 있으며, 네임스페이스에 있는 오브젝트를 보고 싶으면 true, 비네임스페이스 오브젝트를 보고 싶으면 false를 넣으면 됩니다.

게 적용되는 오브젝트 집합을 식별하는 방법으로 레이블 셀렉터를 사용합니다. 예를 들어 파드에는 **노드 셀렉터**^{node selector}가 있을 수 있습니다. 노드 셀렉터는 파드를 실행할 수 있는 노드 집합(예를 들어 GPU가 있는 노드)을 식별합니다. 마찬가지로 Service에는 **파드 셀렉터**^{pod selector}가 있으며 이 파드 셀렉터는 서비스에서 로드 밸런스를 조정해야 하는 파드 집합을 식별합니다. 레이블 및 레이블 셀렉터는 쿠버네티스가 오브젝트를 느슨하게 결합하는 기본적인 방법입니다.

어노테이션

API 오브젝트에 할당할 모든 메타데이터 값이 정보를 식별하는 용도만은 아닙니다. 일부 정보는 단순히 오브젝트 자체에 대한 **어노테이션**^{annotation}(주석)입니다. 즉 모든 쿠버네티스 API 오브젝트는 임의의 어노테이션을 가질 수 있습니다. 여기에는 오브젝트 옆에 표시할 아이콘이나, 오브젝트가 시스템에 의해 해석되는 방식을 변경하는 수정자 같은 것이 포함될 수 있습니다.

쿠버네티스의 실험적인 기능이나 제작사별로 고유한 기능은 공식 API 규격의 일부가 아니기 때문에 처음에는 어노테이션을 사용하여 구현됩니다. 이런 경우 어노테이션 자체에는 기능의 안정성에 대한 언급이 있어야 합니다(예: `beta.kubernetes.io/activate-some-beta-feature`).

2.3.3 고급 오브젝트: 디플로이먼트, 인그레스, 스테이트풀셋

물론 간단하고, 복제되고, 로드 밸런싱된 Service가 컨테이너에 배포할 수 있는 유일한 애플리케이션 스타일은 아닙니다. 그리고 쿠버네티스는 진화하면서 향상된 롤아웃^{rollout}, HTTP 기반 로드 밸런싱과 라우팅, 스테이트풀 워크로드^{stateful workload}을 포함하여 더 전문적인 유스 케이스에 맞게 새로운 API 오브젝트를 추가했습니다.

디플로이먼트

ReplicaSets은 동일한 컨테이너 이미지의 여러 레플리카를 실행하는 기본 요소이지만 애플리케이션은 정적 오브젝트가 아닙니다. 애플리케이션은 개발자가 새로운 기능을 추가하고 버그를 수정함에 따라 진화합니다. 즉, 새 코드를 Service에 적용하는 작업은 부하를 안정적으로 처리하기 위해 복제하는 것만큼이나 중요합니다.

Deployment(디플로이먼트) 오브젝트는 한 버전에서 다른 버전으로 안전한 롤아웃을 나타내기 위해 쿠버네티스 API에 추가되었습니다. Deployment는 여러 개의 ReplicaSets(예: v1와 v2)에 대한 포인터를 보유할 수 있으며 한 ReplicaSet에서 다른 ReplicaSet으로 빠르고 안전한 이동migration을 제어할 수 있습니다.

Deployment가 어떻게 작동하는지 이해하기 위해서 rs-v1이라는 ReplicaSet의 레플리카 3개에 배포된 애플리케이션이 있다고 상상해봅시다. Deployment에 새 이미지(v2)를 롤아웃하도록 요청하면 Deployment는 단일 레플리카를 사용하여 새 ReplicaSet(rs-v2)을 작성합니다. Deployment는 이 레플리카가 정상적으로 유지될 때까지 기다리고, 잘 유지되면 Deployment는 rs-v1의 레플리카 수를 2로 줄입니다. 그런 다음 rs-v2의 레플리카 수도 2개로 늘리고 v2의 두 번째 레플리카가 정상적으로 유지될 때까지 기다립니다. 이 프로세스는 v1 레플리카가 더는 없고 v2 레플리카가 3개 있을 때까지 계속됩니다.

> **NOTE_** Deployment에는 애플리케이션의 특정 세부 사항에 대한 안전한 롤아웃을 제공하기 위해 조정할 수 있는 수많은 다른 기능이 있습니다. 실제로 대부분의 최신 클러스터에서는 사용자가 Deployment 오브젝트를 단독으로 사용하고 ReplicaSets을 직접 관리하지 않습니다.

HTTP 로드 밸런싱과 인그레스

Service 오브젝트는 간단한 TCP 수준의 로드 밸런싱을 수행하는 좋은 방법이지만 로드 밸런싱과 라우팅을 수행하는 애플리케이션 수준의 방법은 제공하지 않습니다. 사실 사용자가 컨테이너와 쿠버네티스를 사용하여 배포하는 대부분의 애플리케이션은 HTTP 웹 기반 애플리케이션입니다. 이 경우 HTTP를 이해하는 로드 밸런서를 제공하는 것이 좋습니다. 이러한 요구를 해결하기 위해 Ingress(인그레스, 수신) API가 쿠버네티스에 추가되었습니다. Ingress는 경로 및 호스트 기반 HTTP 로드 밸런서와 라우터를 나타냅니다. 오브젝트를 만들 때 Ingress 오브젝트는 서비스와 마찬가지로 가상 IP 주소를 받지만, 서비스 IP 주소와 파드 집합 간의 일대일 관계 대신 Ingress가 HTTP 요청 내용을 사용하여 이를 다른 Service로 라우팅할 수 있습니다.

Ingress가 어떻게 작동하는지 더 명확하게 이해하기 위해 foo와 bar라는 두 개의 쿠버네티스

Service가 있다고 가정합니다. 각각 고유한 IP 주소가 있지만 실제로 동일한 호스트의 일부로 인터넷에 노출하려고 합니다. 예를 들어 foo.company.com와 bar.company.com Ingress 오브젝트를 만들고 IP 주소를 foo.company.com와 bar.company.com DNS 이름과 연결하여 이 작업을 수행할 수 있습니다. Ingress 오브젝트에서 호스트 이름 두 개를 각각의 쿠버네티스 Service에 매핑합니다. 이렇게 하면 https://foo.company.com에 대한 요청이 수신될 때 클러스터의 foo Service로 라우팅됩니다. https://bar.company.com도 유사하게 라우팅됩니다. Ingress를 사용하면 라우팅은 호스트나 경로 혹은 호스트와 경로 둘 다를 기반으로 할 수 있으므로 https://company.com/bar는 bar Service로 라우팅될 수 있습니다.

> NOTE_ Ingress API는 쿠버네티스에서 가장 잘 분리되고 유연한 API 중 하나입니다. 기본적으로 쿠버네티스는 Ingress 오브젝트를 저장하지만 생성할 때는 아무 일도 일어나지 않습니다. 대신 클러스터에서 **인그레스 컨트롤러**를 실행하여 Ingress 오브젝트를 만들 때 적절한 작업을 수행해야 합니다. 가장 인기 있는 인그레스 컨트롤러는 nginx이지만, 다른 HTTP 로드 밸런서를 사용하거나 클라우드 혹은 물리적 로드 밸런서 API를 사용하는 수많은 구현 방식이 있습니다.

스테이트풀셋

대부분의 애플리케이션은 수평으로 복제되고 동일한 레플리카로 취급될 때 올바르게 작동합니다. 각 레플리카는 다른 레플리카와는 구별되는 고유한 ID가 없습니다. 이러한 복제된 애플리케이션을 표현하기 위해 쿠버네티스 ReplicaSet은 최적의 오브젝트입니다. 그러나 일부 애플리케이션, 특히 스테이트풀 스토리지 워크로드 또는 공유 애플리케이션은 애플리케이션의 레플리카를 더욱 차별화해야 합니다. 이러한 차별화를 ReplicaSet 위에 애플리케이션 수준에서 추가할 수는 있지만 이렇게 하는 것은 최종 사용자에게는 오히려 복잡하고, 오류가 나기 쉬우며, 반복적입니다.

이 문제를 해결하기 위해 쿠버네티스는 최근 StatefulSets(스테이트풀셋)을 ReplicaSets의 보완책으로 도입했는데 더 많은 스테이트풀 워크로드도 가능합니다. ReplicaSets과 마찬가지로 StatefulSets은 쿠버네티스 클러스터에서 실행되는 동일한 컨테이너 이미지의 여러 인스턴스를 만들지만, 각 컨테이너의 이름에 따라 컨테이너를 만들고 삭제하는 방식이 더 확실합니다.

ReplicaSet에서 복제된 각 파드는 임의의 해시(예: frontend-14a2)와 관련된 이름을 받으며

ReplicaSet에서 순서를 지정하진 않습니다. 반대로 StatefulSets의 경우, 각 레플리카는 단조롭게 증가하는 색인(예: **백엔드-0, 백엔드-1** 등)을 받습니다.

또한 StatefulSets은 레플리카 1이 생성되기 전에 레플리카 0이 생성되어 정상적이 될 것이라고 보장합니다. 결합해보면, 이는 애플리케이션이 부트스트랩 마스터로써 초기 레플리카 (예: **백엔드-0**)를 사용하여 스스로 쉽게 부트스트랩할 수 있다는 것을 의미합니다. 이후의 모든 레플리카는 **백엔드-0**이 있어야 한다는 사실에 의존할 수 있습니다. 마찬가지로 레플리카가 StatefulSet에서 제거되면 최상위 인덱스에도 제거됩니다. StatefulSet이 5개에서 4개의 레플리카로 축소되면 다섯 번째 레플리카가 제거될 것입니다.

또한 StatefulSets은 완전한 StatefulSet과 함께 각 레플리카에 직접 접근할 수 있도록 DNS 이름을 받습니다. 이를 통해 클라이언트는 파편화된 서비스에서 특정 조각(레플리카)을 쉽게 타겟팅할 수 있습니다.

2.3.4 배치 워크로드: 잡과 크론잡

스테이트풀 워크로드 외에도 **배치**^{batch}(일괄 작업) 또는 **일회성 워크로드**가 있습니다. 앞서 설명한 워크로드와 달리 이러한 트래픽은 지속해서 트래픽을 제공하지 않습니다. 대신 약간의 계산을 수행하고 계산이 완료되면 파기됩니다.

쿠버네티스에서 Job(잡)은 실행해야 할 작업 집합을 나타냅니다. ReplicaSets 및 StatefulSets과 마찬가지로 Job은 컨테이너 이미지를 실행하여 작업을 실행하는 파드를 작성하여 동작합니다. 그러나 ReplicaSets 및 StatefulSets과 달리 Job에 의해 생성된 파드는 작업을 완료하고 종료할 때까지만 실행됩니다. Job은 작성한 파드의 정의, Job을 실행해야 하는 횟수, 병렬로 만들 파드의 최대 개수를 포함합니다. 예를 들어 100회 반복하고 최대 병렬 처리가 10인 Job은 파드 10개를 동시에 실행하며, 컨테이너 이미지를 성공적으로 100번 실행할 때까지 이전 파드가 완성되면 새 파드를 생성합니다.

CronJobs(크론잡)은 Job에 일정을 추가하여 Job 오브젝트 위에 구축됩니다. CronJobs은 생성하려는 Job 오브젝트의 정의와 해당 Job을 언제 생성해야 하는지 스케줄을 포함합니다.

2.3.5 클러스터 에이전트와 유틸리티: 데몬셋

쿠버네티스로 이전할 때 사람들이 가장 많이 하는 질문은 "쿠버네티스 환경에서 내 컴퓨터 에이전트는 어떻게 운영합니까?"입니다. 에이전트의 작업에는 침입 탐지, 로깅, 모니터링 등이 포함됩니다. 많은 사람이 새로운 `systemd unit files` 명령을 입력하거나 초기화 스크립트를 추가하는 것과 같이 에이전트를 활성화하기 위해 쿠버네티스 방식이 아닌 다른 방법을 시도합니다. 이런 접근 방식이 효과적일지 모르지만 몇 가지 단점이 있습니다. 첫 번째는 쿠버네티스가 클러스터에서 사용 중인 리소스 계산에 에이전트의 활동을 포함하지 않는다는 것입니다. 두 번째는 컨테이너 이미지 및 상태 검사, 모니터링 등을 위한 쿠버네티스 API를 이러한 에이전트에 적용할 수 없다는 것입니다. 다행히도 쿠버네티스는 DaemonSet(데몬셋) API로 사용자가 클러스터에 이러한 에이전트를 설치할 수 있게 합니다. DaemonSet은 모든 시스템에서 실행되어야 하는 파드의 템플릿을 제공합니다. DaemonSet이 생성되면 쿠버네티스는 이 파드가 클러스터의 각 노드에서 실행 중인지 확인합니다. 나중에 새로운 노드가 추가되면 쿠버네티스는 해당 노드에도 파드를 만듭니다. 기본적으로 쿠버네티스는 클러스터의 모든 노드에 파드를 배치하지만 DaemonSet은 노드 셀렉터 레이블 쿼리도 제공할 수 있으며, 그러면 쿠버네티스는 DaemonSet의 파드를 해당 레이블 쿼리와 일치하는 노드에만 배치하게 됩니다.

2.4 마치며

이 책의 목적은 쿠버네티스 클러스터를 성공적으로 운영하는 방법을 알려주는 것입니다. 서비스를 성공적으로 관리하려면 최종 사용자가 어떤 서비스를 이용할 수 있는지와 사용자가 서비스를 사용하는 방법을 이해해야 합니다. 이를 위해 쿠버네티스는 개발자에게 신뢰할 수 있는 쿠버네티스 API를 제공하고 있습니다. 개발자는 API를 사용하여 애플리케이션을 빌드하고 배포합니다. 쿠버네티스 API의 다양한 부분을 이해하면, 최종 사용자를 이해하고 그들이 일상 활동에 의존하는 시스템을 더 효과적으로 관리할 수 있습니다. 이번 장은 실제로 많이 다뤄지는 주제의 간략한 요약이었으며, 『쿠버네티스 시작하기』(에이콘출판사, 2018)와 같이 더 두꺼운 책은 물론 쿠버네티스 공식 웹 사이트(*https://kubernetes.io/ko*)에서 자세히 볼 수 있습니다. 쿠버네티스 API를 깊이 이해하고자 한다면 이러한 자료로 더 많이 배우길 매우 권장합니다.

## CHAPTER 3

아키텍처

쿠버네티스는 분산 시스템을 쉽게 배포하고 관리할 수 있도록 고안되었는데, 쿠버네티스는 그 자체로도 관리가 필요한 분산 시스템입니다. 쿠버네티스를 운영하기 위해서 개발자는 시스템 아키텍처와 시스템의 각 부분의 역할을 이해하고 서로 어떻게 결합하는지 잘 알아야 합니다.

3.1 개념

쿠버네티스의 아키텍처를 이해하려면 처음에는 기본 개념과 개발의 근간인 설계 원칙을 아는 것이 도움이 됩니다. 시스템이 꽤 복잡해 보일 수 있지만 사실은 비교적 적은 수의 몇몇 개념을 토대로 하고 이 개념들이 전체적으로 반복됩니다. 이런 구성은 개발자에게 친숙할 뿐만 아니라 쿠버네티스가 성장하는 데에도 도움이 됩니다. 시스템의 한 구성 요소에 대한 지식이 종종 다른 요소에 직접 적용될 수 있기 때문입니다

3.1.1 선언적 구성

사용자가 결과를 생성하기 위해 원하는 상태를 선언하는 **선언적 구성**declarative configuration은 쿠버네티스 개발의 주요 동력 중 하나입니다. 예를 들어 사용자는 쿠버네티스에게 "내 웹 서버의 레플리카를 항상 5개씩 실행하고 싶습니다"라고 말할 수 있습니다. 그러면 쿠버네티스는 선언문을

채택하고 사실로 실행되도록 책임을 집니다. 불행하게도 쿠버네티스는 자연어 명령을 이해할 수 없으므로 선언은 실제로 구조화된 YAML 또는 JSON 문서의 형태로 이루어집니다.

선언적 구성은 사용자가 일련의 직접 조치를 취하는 **명령어 구성**imperative configuration과는 다릅니다 (예: 레플리카 5개를 만들고 실행하려는 경우). 명령형 동작은 이해하기 간단합니다. 복잡한 선언 구문을 사용하는 대신 "실행해"라고 간단히 명령할 수 있습니다. 그러나 선언적 접근 방법의 장점은 시스템에 일련의 명령보다 더 많은 것을 제공하며 '원하는 상태'를 선언하면 되는 것입니다. 쿠버네티스는 개발자가 원하는 상태를 이해하기 때문에 사용자 상호작용과 관계없이 능동적인 조치를 할 수 있습니다. 즉 자동으로 자가 수정과 자가 복구가 가능하다는 뜻입니다. 이는 개발자에게는 매우 중요한 기능인데 한밤중에 시스템이 개발자를 깨우지 않고도 스스로 복구할 수 있기 때문입니다.

3.1.2 조정 또는 컨트롤러

이러한 자가 복구나 자가 수정을 수행하기 위해 쿠버네티스는 많은 **독립 조정**independent reconciliation 또는 **제어 루프**control loops를 기반으로 구성됩니다. 쿠버네티스와 같은 시스템을 설계할 때 일반적으로 취할 수 있는 두 가지 접근 방식이 있는데, 단일 상태 기반 접근 방식과 분산형 컨트롤러 기반 접근 방식입니다.

단일 시스템 설계에서는 시스템이 모든 프로세스의 상태를 인식하고 모든 것을 조화롭게 발전시키기 위해 완전한 관점을 사용합니다. 이 접근 방식은 시스템 작동이 중앙 집중화되어 이해하기 쉽기 때문에 매우 매력적일 수 있습니다. 반면 단일 상태 기반 접근 방식의 문제점은 안정적이지 않다는 것입니다. 예기치 않은 일이 발생하면 전체 시스템이 다운될 수도 있습니다.

쿠버네티스는 대안적인 **분산 방식**을 취합니다. 단일 컨트롤러 대신 쿠버네티스는 많은 수의 컨트롤러로 구성되어 있으며 각 컨트롤러는 자체 독립 조정 루프를 수행합니다. 각각의 개별 루프는 시스템의 작은 부분(예: 특정 로드 밸런서의 엔드포인트 목록 업데이트)만 책임지며, 각 소형 컨트롤러는 다른 나머지 부분과는 완전히 무관합니다. 작은 문제에 집중하고 해결하면 전체 시스템을 훨씬 더 안정되게 만듭니다. 각 컨트롤러는 다른 모든 컨트롤러와 독립적으로 작동하므로 그 자체와 무관한 문제나 변경의 영향을 받지 않습니다. 하지만 이 분산 방식의 단점은 시스템의 작동 방식에 대한 설명을 찾을 수 있는 단일 위치가 없으므로 시스템의 전반적인 동작을 이해하기 어려울 수 있다는 것입니다. 대신 많은 독립적인 프로세스의 상호작용을 살펴볼 필요가 있습니다.

제어 루프 설계 패턴은 쿠버네티스를 더 유연하고 안정적으로 만들어 쿠버네티스의 시스템 구성 요소 전체에서 반복됩니다. 제어 루프의 기본 개념은 [그림 3-1]과 같이 다음 단계를 계속 반복하는 것입니다.

1. 원하는 상태를 얻습니다.
2. 관찰합니다.
3. 관찰 결과와 원하는 상태 사이의 차이점을 찾습니다.
4. 관찰 결과와 원하는 상태가 일치하도록 조치를 취합니다.

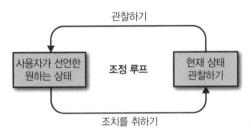

그림 3-1 일반적인 조정 루프의 예

조정 제어 루프의 작동을 이해하는 데 도움이 되는 가장 쉬운 예는 가정에서 쓰는 온도 조절기입니다. 온도 조절기는 원하는 상태(온도조절기에 입력한 온도)와 관찰 결과(집의 현재 온도), 두 값의 차이를 확인한 다음 조치(난방 또는 냉방)를 취해 실제 상태를 원하는 상태와 일치시킵니다.

쿠버네티스의 컨트롤러도 같은 일을 합니다. 쿠버네티스 컨트롤러는 쿠버네티스 API 서버에 대한 선언문으로 원하는 상태를 관찰합니다. 예를 들어 사용자는 '웹 서버의 레플리카 4개가 필요합니다'라고 선언할 수 있습니다. 쿠버네티스 복제 컨트롤러는 원하는 상태를 받아들이고 현재 상태를 관찰합니다. 현재 웹 서비스 컨테이너의 레플리카가 3개가 있음을 확인한다면 컨트롤러는 현재 상태와 원하는 상태(웹 서버 하나가 부족함) 사이의 차이점을 찾은 다음, 네 번째 웹 서비스 컨테이너를 만들어 원하는 상태와 일치하도록 작업을 수행합니다.

물론 이 선언적 상태를 관리해야 하는 어려움 중 하나는 조정 제어 루프가 주목해야 할 웹 서버 집합을 결정하는 것입니다. 라벨과 라벨 쿼리가 쿠버네티스 설계에 포함된 이유입니다.

3.1.3 암시적 또는 동적 그룹화

여러 개의 레플리카를 그룹화하든 로드 밸런서의 백엔드를 식별하든, 쿠버네티스를 구현할 때는 일련의 집합을 구별해야 할 때가 많습니다. 어떤 것을 한 집합으로 묶을 때에는 두 가지 접근법이 있습니다. 바로 **명시적/정적 그룹화**와 **암시적/동적 그룹화**입니다. 정적 그룹화에서는 모든 그룹이 구체적인 목록으로 정의됩니다(예: 내 팀원은 앨리스, 밥, 캐롤입니다). 목록은 그룹의 멤버 이름을 명시적으로 호출하며 목록은 정적입니다. 즉 목록 자체가 변경되지 않으면 멤버 자격이 변경되지 않습니다. 설계에 대한 단일적인 접근법과 매우 유사하게 이 정적 그룹화는 쉽게 이해할 수 있습니다. 그룹에 누가 있는지 알기 위해서는 그저 목록을 읽기만 하면 됩니다. 정적 그룹화의 단점은 유연성이 부족하여 동적으로 변화하는 세계에 대응할 수 없다는 것입니다. 다행히 이 시점에서 여러분은 쿠버네티스가 그룹화에 더 역동적인 접근 방식을 사용한다는 것을 예상할 수 있을 것입니다. 쿠버네티스에서는 그룹을 암시적으로 정의합니다.

명시적/정적 그룹의 대안은 암시적/동적 그룹입니다. 암시적 그룹의 경우 멤버 목록 대신 그룹을 '우리 팀원은 오렌지색을 옷을 입은 사람들입니다'와 같은 문구로 정의하며, 이 그룹은 암시적으로 정의됩니다. 그룹의 정의에는 일일이 이름이 적힌 멤버가 아무도 없습니다. 대신 존재하는 사람들에 대한 그룹을 정의함으로써 암시됩니다. 현재 있는 사람들의 조합은 항상 바뀔 수 있기 때문에 그룹의 구성원도 마찬가지로 동적이며 변화합니다. 이것은 두 번째 단계(예: 오렌지색 옷을 입은 사람들을 찾는 일) 때문에 복잡성을 초래할 수 있지만, 훨씬 더 유연하고 안정적이며 정적 목록을 지속해서 조정하지 않고도 변하는 환경에 대응할 수 있습니다.

쿠버네티스에서 이 암시적 그룹화는 레이블, 레이블 쿼리 또는 레이블 셀렉터로 수행됩니다. 쿠버네티스의 모든 API 오브젝트는 오브젝트와 연관된 레이블이라는 키/값 쌍을 임의로 가질 수 있습니다. 그런 다음 레이블 쿼리 또는 레이블 셀렉터를 사용하여 해당 쿼리와 일치하는 오브젝트 집합을 식별할 수 있습니다. 구체적인 예가 [그림 3-2]에 나와 있습니다.

> **NOTE_** 모든 쿠버네티스 오브젝트에는 레이블과 어노테이션이 있습니다. 처음에는 중복으로 보일 수 있지만 각각 용도가 다릅니다. 레이블은 쿼리를 할 수 있으며 어떤 방식으로든 오브젝트를 유일하게 식별할 수 있는 정보를 제공합니다. 어노테이션은 쿼리를 할 수 없으며 오브젝트에 대한 일반 메타데이터에 사용해야 합니다. 여기서 메타데이터는 오브젝트를 명확하게 구분하지 않아도 되는 메타데이터를 의미합니다(예: 그래픽으로 렌더링할 때 오브젝트 옆에 표시할 아이콘).

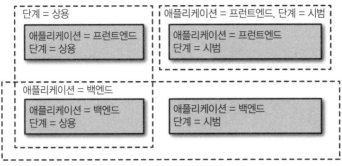

그림 3-2 레이블 및 레이블 선택의 예

3.2 구조

그동안 쿠버네티스 시스템에서 구현된 설계의 기본 개념을 살펴보았으므로 지금부터는 쿠버네티스를 설계한 원리를 생각해봅시다. 쿠버네티스 개발에서는 다음과 같은 기본적인 설계 원칙이 중요합니다.

3.2.1 유닉스 철학

첫 번째 원칙은 쿠버네티스가 일반적인 유닉스 철학인 '각자 일을 잘 수행하는' 작은 조각, 즉 모듈화를 기반으로 한다는 것입니다. 쿠버네티스는 단일 바이너리에서 다양한 기능을 모두 구현하는 단일 애플리케이션이 아닙니다. 대신 쿠버네티스라는 전체 시스템을 구현하기 위해 서로 모르는 다른 애플리케이션의 모음입니다. 다수의 상이한 기능을 함께 그룹화하는 바이너리(예: 제어기 관리자)가 있을지라도 그 기능들은 해당 바이너리 내에서 거의 독립적으로 유지됩니다. 구성 요소 간의 긴밀한 결합 때문이 아니라 쿠버네티스를 쉽게 배포하고 관리할 수 있도록 함께 컴파일됩니다.

다시 말하지만 이 모듈 방식의 장점은 쿠버네티스가 유연하다는 것입니다. 시스템의 큰 부분을 교체할 때도 다른 부분을 고려하거나 신경 쓰지 않고 그 조각만 교체할 수 있습니다. 물론 단점이라면 시스템을 배포하고 모니터링하고 이해하기 위해서 여러 가지 툴에 정보와 구성을 통합해야 하므로 복잡하다는 것입니다. 때로는 여러 조각이 하나의 바이너리 실행 파일로 컴파일되기도 하지만 이런 경우에도 실행 중인 프로세스 내에서 직접 통신하기보다는 API 서버로 통신합니다.

3.2.2 API 기반 상호작용

쿠버네티스의 두 번째 구조 설계 원칙은 구성 요소 간의 모든 상호작용이 중앙 집중식 API로 이루어지는 것입니다. 이 설계의 중요한 점은 구성 요소가 사용하는 API가 다른 모든 클러스터 사용자가 사용하는 API와 완전히 동일하다는 것입니다. 이는 쿠버네티스에 두 가지 중요한 결과를 가져옵니다. 첫 번째는 시스템의 어느 부분도 다른 어떤 부분보다 특권을 갖지 않고 상호 간에 직접 접근할 수 없다는 것입니다. 실제로 API를 구현하는 API 서버를 제외하고는 내부에 대한 접근 권한이 전혀 없습니다. 따라서 모든 구성 요소를 대체 구현하여 교체할 수 있으며 핵심 구성 요소를 재구성하지 않고도 새로운 기능을 추가할 수 있습니다. 후반부에서도 살펴보겠지만 스케줄러와 같은 핵심 구성 요소조차도 대체 구현으로 교체하거나 증설할 수 있습니다.

API 기반 상호작용은 버전 왜곡이 존재할 때도 시스템이 안정적으로 설계되도록 합니다. 분산 시스템을 장비 관점의 그룹으로 롤아웃하면 일정 기간 소프트웨어의 이전 버전과 새 버전을 동시에 실행하게 됩니다. 이런 버전 왜곡 상황을 직접 계획하지 않은 경우(또는 덜 검증된 경우) 이전 버전과 새 버전 간에 예기치 않은 상호작용으로 불안정 및 작동 중지가 발생할 수 있습니다. 쿠버네티스에서는 API로 모든 것이 조정되고, API는 강력하게 정의된 API 버전을 제공하고, 서로 다른 버전 간에 변환을 제공하기 때문에 버전 왜곡 문제를 크게 피할 수 있습니다. 그러나 실제로 현실에서는 가끔씩 문제가 생길 수 있으며 버전 왜곡과 업그레이드에 대한 검증은 쿠버네티스 릴리스 자격의 중요한 부분입니다.

3.3 구성 요소

자, 쿠버네티스 아키텍처의 개념과 구조에 대한 지식을 갖췄으니 쿠버네티스를 구성하는 개별 구성 요소를 논의해봅시다. 이번 절에서 소개하는 구성 요소는 쿠버네티스 시스템의 다양한 부분이 어떻게 어울리는지 개괄적인 이해가 필요할 때 참고할 수 있는 일종의 세계지도 혹은 용어집이라고 생각하면 좋습니다. 일부 구성 요소는 다른 구성 요소보다 더 중요하므로 다음 장에서 훨씬 더 자세히 다루긴 하지만, 이 참고 지도는 다음 학습의 기초가 되어 전체를 이해하는 데 도움이 될 것입니다.

쿠버네티스는 다수 장비를 하나의 단위로 그룹화하여 API로 사용할 수 있는 시스템이지만 쿠버네티스 구현 시에는 실제로 장비 집합을 워커 노드worker node와 헤드 노드head node라는 두 그룹으로 나눕니다. 쿠버네티스 인프라를 구성하는 대부분의 구성 요소는 **헤드, 제어**control, **플랜**plan, 노드에서 실행됩니다. 클러스터에는 일반적으로 노드 수가 1개, 3개, 5개로 제한되어 있습니다. 이 노드에서는 etcd나 API 서버와 같은 쿠버네티스를 구성하는 요소를 실행합니다. 노드의 수는 홀수[1]인데 쿼럼quorum에 대해 Raft/Paxos 알고리즘을 사용하여 쿼럼을 공유 상태로 유지해야 하기 때문입니다. 그리고 클러스터의 실제 작업은 워커 노드에서 수행됩니다. 워커 노드는 쿠버네티스 구성 요소를 더 제한적으로만 선택할 수 있습니다. 마지막으로 쿠버네티스의 구성 요소가 생성되면 쿠버네티스 클러스터에 스케줄됩니다. 쿠버네티스의 관점에서 볼 때 이러한 구성 요소는 다른 작업들과 구별되진 않지만 쿠버네티스의 전체 API의 일부에 포함됩니다.

쿠버네티스 구성 요소에 대한 다음 설명에서는 헤드 노드에서 실행되는 구성 요소, 모든 노드에서 실행되는 구성 요소, 클러스터에 스케줄된 구성 요소로 총 세 가지 그룹으로 나누어 알아보겠습니다.

3.3.1 헤드 노드의 구성 요소

헤드 노드는 쿠버네티스 클러스터의 두뇌입니다. 여기에는 쿠버네티스 API 기능을 구현하는 핵심 구성 요소들이 모아져 있습니다. 일반적으로 핵심 구성 요소만 헤드 노드에서 실행되며, 헤드 노드를 공유하는 사용자 컨테이너는 없습니다.

etcd

etcd 시스템은 쿠버네티스 클러스터의 핵심입니다. 쿠버네티스 클러스터의 모든 오브젝트가 유지되는 키/값 저장소를 만들어줍니다. etcd 서버는 분산된 합의 알고리즘인 래프트Raft를 구

---

[1] 옮긴이주_ 장애 대응을 위해 일반적인 IT 환경에서 쿼럼은 보통 홀수로 구성합니다.

현하여 스토리지 서버 중 하나에 장애가 발생하더라도 etcd에 저장된 데이터를 유지하고, etcd 서버가 정상 상태가 되어 다시 클러스터에 추가할 때 데이터를 복구할 수 있도록 충분한 복제가 이루어지게 합니다. etcd 서버는 쿠버네티스가 많이 사용하는 두 가지 중요한 기능을 제공합니다. 첫 번째는 낙관적인 동시성입니다. etcd에 저장된 모든 값에는 해당 리소스 버전이 있습니다. 키/값 쌍이 etcd 서버에 기록되면 특정 리소스 버전을 조건으로 지정할 수 있습니다. 즉, etcd를 사용하면 모든 동시성 시스템에서 제일 중요한 **비교 후 교환**compare and swap (CAS)[2]을 구현할 수 있습니다. 비교 후 교환을 사용하면 사용자가 값을 읽고 시스템의 다른 구성 요소가 값을 업데이트하지 못했다는 것을 알게 되어 업데이트할 수 있게 됩니다. 이런 보장은 시스템이 비관적인 잠금장치가 없어도 etcd의 데이터를 조작하는 다중 스레드를 안전하게 가질 수 있게 해서 서버의 처리량을 크게 줄일 수 있습니다.

비교 후 교환에 대한 구현 이외에도 etcd 서버는 **워치**watch 프로토콜을 구현합니다. 워치의 장점은 클라이언트가 전체 값 디렉터리에 대한 키/값 저장소의 변경 사항을 효율적으로 감시할 수 있다는 것입니다. 예를 들어 **Namespace**의 모든 오브젝트는 etcd의 디렉터리에 저장됩니다. 워치를 사용하면 클라이언트가 지속적으로 etcd 서버에 폴링하지 않아도 변경 사항을 효율적으로 기다리고 이에 대응할 수 있습니다.

API 서버

etcd가 쿠버네티스 클러스터의 핵심이긴 하지만 쿠버네티스 클러스터에 직접 접근할 수 있는 서버는 실제로 API 서버 하나뿐입니다. API 서버는 쿠버네티스 클러스터의 허브로서 클라이언트와 etcd에 저장된 API 오브젝트 사이의 모든 상호작용을 중개합니다. 결과적으로 다양한 구성 요소 모두에 대한 중앙 집중 지점이 됩니다. 이 중요성 때문에 API 서버는 더욱 심도 있는 연구가 필요하며 4장에서 자세히 다룹니다.

스케줄러

etcd와 API 서버가 올바르게 작동하면 어떤 면에서는 쿠버네티스 클러스터가 기능적으로 완성되었다고 볼 수 있습니다. 여러분은 디플로이먼트와 파드 같은 다양한 API 오브젝트를 모두

---

2 옮긴이주_ 비교 후 교환은 약자인 CAS라고도 불리는데, 분산 시스템에서 유명한 이론입니다. 자세한 내용은 다음 문서를 참고하세요.
https://en.wikipedia.org/wiki/Compare-and-swap

만들 수 있습니다. 하지만 실행할 수는 없습니다. 파드가 실행될 위치를 찾는 것이 바로 쿠버네티스 스케줄러의 역할입니다. 스케줄러는 API 서버에서 스케줄되지 않은 파드를 검색한 다음, 이들을 실행할 최적의 노드를 결정합니다. API 서버와 마찬가지로 스케줄러는 복잡하고 다채로운 주제이며 5장에서 자세히 다룹니다.

컨트롤러 관리자

etcd, API 서버, 스케줄러가 작동한 후에는 성공적으로 파드를 만들고 노드에 스케줄된 것을 볼 수 있지만 예상대로 ReplicaSets, Deployment, Service는 작동하지 않습니다. 이 기능을 구현하는 데 필요한 모든 조정 제어 루프가 현재 실행 중이지 않기 때문입니다. 루프를 실행하는 것은 컨트롤러 관리자의 역할입니다. 전체 쿠버네티스 시스템의 많은 부분을 구현하기 위해 수많은 조정 제어 루프가 있기 때문에 컨트롤러 관리자가 전체 쿠버네티스 구성 요소 중 가장 다양하게 구성되어 있습니다.

3.3.2 모든 노드의 구성 요소

헤드 노드에서만 독점적으로 실행되는 구성 요소 외에도 쿠버네티스 클러스터의 모든 노드에 공통적인 몇 가지 구성 요소가 있습니다. 이 요소들은 모든 노드에서 필수 기능을 구현합니다.

쿠블렛

쿠블렛kubelet은 쿠버네티스 클러스터의 일부인 모든 시스템의 노드 데몬입니다. 쿠블렛은 사용 가능한 CPU, 디스크, 노드의 메모리를 큰 쿠버네티스 클러스터에 연결하는 다리입니다. 쿠블렛은 API 서버와 통신하여 노드에서 실행되어야 하는 컨테이너를 찾습니다. 마찬가지로 쿠블렛은 이러한 컨테이너의 상태를 API 서버에 다시 전달하므로 다른 조정 제어 루프가 컨테이너의 현재 상태를 볼 수 있습니다.

쿠블렛은 컴퓨터에서 파드로 실행되고 있는 컨테이너의 상태를 스케줄링하고 보고하는 것 외에도, 컴퓨터에서 실행될 것으로 예상되는 컨테이너의 상태를 확인하고 다시 시작하는 일을 담당합니다. 만약 조정 루프가 특정 컴퓨터에서 컨테이너의 상태를 복구하기 위해서 모든 상태 정보를 API 서버로 다시 전달하는 것은 매우 비효율적일 것입니다. 대신에 쿠블렛은 이 상호작용을 중단시키고 조정 루프 자체를 실행합니다. 따라서 쿠블렛이 실행한 컨테이너가 죽거나 상태 점검에 실패하면 쿠블렛은 컨테이너를 다시 시작하고 상태와 재시작 정보를 다시 API 서버에 전달합니다.

kube-proxy

모든 컴퓨터에서 실행되는 다른 구성 요소는 kube-proxy(쿠브프록시)입니다. kube-proxy는 쿠버네티스 Service 로드 밸런서 네트워킹 모델 구현을 담당합니다. kube-proxy는 쿠버네티스 클러스터의 모든 서비스에 대한 엔드포인트endpoint 오브젝트를 항상 감시합니다. 그런 다음 kube-proxy는 노드의 네트워크를 프로그래밍하여 Service의 가상 IP 주소에 대한 네트워크 요청이 실제로 Service를 구현하는 엔드포인트로 라우팅되도록 합니다. 쿠버네티스의 모든 Service는 가상 IP 주소를 가지며 kube-proxy는 로컬 로드 밸런서를 정의하고 구현하는 데몬입니다. 이 로드 밸런서는 클러스터 내의 어떤 곳이든 파드에서 파드로 트래픽을 라우팅하게 됩니다.

3.3.3 스케줄된 구성 요소

방금 설명한 모든 구성 요소가 성공적으로 작동하면 최소한으로 실행 가능한 쿠버네티스 클러스터를 제공합니다. 그러나 쿠버네티스 클러스터에 필수적인, 사실상 자체 구성을 위해 클러스터가 의존하는, 스케줄된 구성 요소가 추가로 몇 가지 더 있습니다. 즉 클러스터 기능에 필수적인데 일반적인 파드와 서비스처럼 쿠버네티스 API 서버에 대한 호출을 사용하며, 일정을 계획하고, 상태를 확인하고, 작동하고, 업데이트한다는 것을 의미합니다.

쿠버 DNS

이렇게 스케줄된 구성 요소 중 첫 번째는 쿠버 DNS 서버입니다. 쿠버네티스 Service가 생성되면 가상 IP 주소를 얻지만 해당 IP 주소는 DNS 서버에 프로그래밍되어 쉽게 검색할 수 있습니다. 쿠버 DNS 컨테이너는 쿠버네티스 Service 오브젝트에 대해 네임 서비스를 구현합니다. 쿠버 DNS Service 자체는 쿠버네티스 Service로 표현되므로 kube-proxy가 제공하는 동일한 라우팅이 DNS 트래픽을 쿠버 DNS 컨테이너로 라우팅합니다. 중요한 차이점은 쿠버 DNS

서비스에 정적 가상 IP 주소가 부여된다는 것입니다. 이는 API 서버가 생성한 모든 컨테이너에 DNS 서버를 프로그래밍할 수 있음을 의미하며 쿠버네티스 서비스에 대한 이름 지정 및 서비스 검색이 가능해짐을 의미합니다.

첫 번째 버전 이후 쿠버네티스에 제공된 쿠버 DNS 서비스 외에도 쿠버네티스의 v1.11 릴리스에서는 일반적인 가용성에 근접한 새로운 대체 코어 DNS 구현 항목(*https://coredns.io*)이 있습니다.

DNS 서비스를 대체할 수 있는 능력은 쿠버네티스를 사용하여 DNS 서버와 같은 요소를 실행할 수 있는 모듈화와 그 가치를 나타냅니다. 쿠버 DNS를 코어 DNS로 대체하는 것은 한 파드를 중지하고 다른 파드를 시작하는 것처럼 쉽습니다.

힙스터

두 번째 스케줄된 구성 요소는 힙스터heapster라는 바이너리 파일이며 쿠버네티스 클러스터에서 실행되는 모든 컨테이너에서 CPU, 네트워크, 디스크 사용량과 같은 메트릭을 수집합니다. 이러한 메트릭은 인플럭스 DB^{influxDB}와 같은 모니터링 시스템으로 푸시되어 클러스터의 애플리케이션 상태에 대한 경고 및 일반 모니터링을 수행할 수 있습니다. 또한 중요한 것은 쿠버네티스 클러스터 내에서 파드의 자동 스케일링을 구현하는 데 이러한 메트릭을 사용한다는 것입니다. 예를 들어 쿠버네티스는 **Deployment**에서 컨테이너의 CPU 사용량이 80%를 초과할 때마다 자동으로 **Deployment**의 크기를 조정할 수 있는 자동 크기 조정을 실행합니다. 힙스터는 이런 조정을 위한 측정 기준을 수집하고 집계하여 자동 측정기가 구현한 조정 루프를 가동하는 구성 요소입니다. 자동 스케일러는 힙스터에 대한 API 호출로 현재 상태를 관찰합니다.

> **NOTE_** 필자가 책을 집필할 당시, 힙스터는 많은 쿠버네티스 클러스터에서 자동 확장을 위한 메트릭스 소스였습니다. 그러나 v1.11 릴리스에서 힙스터를 새로운 **metrics-server**[3]와 메트릭 API로 대체하길 권장하며 곧 사라질 것을 예고했고, v1.13 릴리스에서는 제거되었습니다.

---

3 옮긴이주_ metrics-server는 클러스터 전체의 리소스 사용량 데이터를 집계할 수 있습니다. 쿠버네티스 v1.8부터는 kubeup.sh 스크립트에 의해 생성된 클러스터에 기본적으로 배포됩니다. 다른 쿠버네티스 설정 메커니즘을 사용하는 경우, 제공되는 YAML을 사용하여 배포할 수 있습니다. metric-server는 각 노드에서 쿠블렛에 의해 표시된 Summary API에서 메트릭을 수집합니다. 자세한 내용은 다음 문서를 참고하세요. *https://github.com/kubernetes/community/blob/master/contributors/design-proposals/instrumentation/metrics-server.md*

추가 기능

이러한 핵심 구성 요소 외에도 대부분의 쿠버네티스 설치에서 찾을 수 있는 수많은 시스템이 있습니다. 쿠버네티스 대시보드는 물론 FaaS, 자동 인증 에이전트 등 커뮤니티 추가 기능이 이에 해당합니다. 쿠버네티스 추가 기능은 너무 많으므로 여기에서 설명하기보다는 '13장 쿠버네티스 확장하기'에서 따로 다룹니다.

3.4 마치며

쿠버네티스는 API 서버를 실행하는 컨트롤 플랜 노드와 API의 백업 스토어를 구성하는 etcd 클러스터를 포함해 완전한 쿠버네티스 API를 구현하는 다양한 구성 요소를 가진 다소 복잡한 분산 시스템입니다. 또한 스케줄러는 API 서버와 상호작용하여 컨테이너를 특정 워커 노드로 스케줄링하고, 컨트롤러 관리자는 클러스터가 올바르게 작동하도록 대부분의 제어 루프를 작동시킵니다. 클러스터가 제대로 작동하면 클러스터 DNS 서비스, 쿠버네티스 서비스 로드 밸런서 인프라 구조, 컨테이너 모니터링 등을 비롯하여 클러스터 자체에서 실행되는 수많은 구성 요소가 작동하게 됩니다. 12장과 13장에서 클러스터에서 실행할 수 있는 더 많은 구성 요소를 살펴보기 바랍니다.

## CHAPTER 4

쿠버네티스 API 서버

'2장 쿠버네티스 살펴보기'에서도 언급했듯이, API 서버는 쿠버네티스 클러스터로 가는 문입니다. 즉, 쿠버네티스 클러스터의 모든 사용자, 자동화 툴, 구성 요소가 액세스할 수 있는 중앙 접근 포인트입니다. API 서버는 HTTP를 통해 RESTful API를 구현하고 모든 API 작업을 수행하며 API 오브젝트를 영구적인 스토리지 백엔드에 저장하는 역할을 담당합니다. 4장에서는 이 작업에 대한 자세한 내용을 다루겠습니다.

4.1 관리 효율을 위한 기본 특성

쿠버네티스 자체의 복잡함에 비해, 관리 측면에서 보는 쿠버네티스 API 서버는 상대적으로 간단합니다. 모든 API 서버의 영구적인 상태가 API 서버의 외부 데이터베이스에 저장되므로 서버 자체는 스테이트리스이며, 요청 작업 처리와 고장 대비를 위해 복제할 수 있습니다. 일반적으로 고가용성 클러스터에서는 API 서버가 세 번 복제됩니다.

API 서버에서는 출력되는 로그가 매우 복잡할 수 있습니다. 받은 모든 요청에 대해 최소한 하나 이상의 라인을 출력합니다. 이 때문에 사용 가능한 모든 디스크 공간을 소비하지 않도록 API 서버에 일부 형식의 로그 롤링[1]을 추가하는 것이 중요합니다. 그러나 API 서버 로그는 API 서버의 작동을 이해하는 데 필수적이므로, 사용자 또는 구성 요소의 API 요청을 디버깅하

---

1 옮긴이주_ 문맥상 로그 로테이트(log rotate)로 이해하는것이 좋습니다. 일정 시간이 지난 로그 파일을 알아서 삭제하는 방식입니다.

기 위해 로그를 API 서버에서 로그 집계 서비스로 보내고 이후에 분석 및 쿼리를 수행하는 것을 강력히 추천합니다.

4.2 API 서버의 구성

쿠버네티스 API 서버 운영에는 다음과 같은 세 가지 핵심 기능이 포함됩니다.

API 관리
서버에서 API를 노출하고 관리하는 프로세스

요청 처리
클라이언트의 개별 API 요청을 처리하는 가장 큰 기능 집합

내부 제어 루프
API 서버의 성공적인 작동에 필요한 백그라운드 작업을 담당하는 안쪽 부분

다음 절에서 세 가지 핵심 기능을 자세히 살펴보겠습니다.

4.2.1 API 관리

API의 주요 용도는 개별 클라이언트의 요청을 처리하는 것이지만 API 요청을 처리하기 전에 클라이언트가 어떻게 API 요청을 작성하는지 알아야 합니다. 궁극적으로 API 서버는 HTTP 서버이므로 모든 API 요청은 HTTP 요청입니다. 하지만 클라이언트와 서버가 통신하는 방법을 알 수 있도록 HTTP 요청의 특성이 소개되어야 합니다. 자세히 알아보기 위해 API 서버를 실제로 사용해보는 것이 좋습니다. 접근 권한이 있는 기존 쿠버네티스 클러스터를 사용하거나 로컬 쿠버네티스 클러스터에 Minikube(미니쿠베) 툴(*https://github.com/minikube/minikube*)을 사용할 수 있습니다. curl 툴을 사용하여 API 서버를 쉽게 탐색하려면 kubectl(쿠베컨트롤)[2] 툴을 proxy 모드로 실행하고 다음 명령을 사용해 localhost:8001

---

2 옮긴이주_ kubectl 툴은 앞으로 이 책에서 여러 번 등장하는 주요 툴입니다. 2019년 3월 말 발표된 v1.14에서는 kubectl 툴에 많은 업데이트가 이루어졌지만 하위호환성이 보장되므로 학습에는 무리가 없습니다. v1.14부터 새로 만들어진 문서에 자세한 kubectl 설명이 있으니 참고하세요. *https://kubectl.docs.kubernetes.io*

의 인증되지 않은 API 서버를 확인해보시기 바랍니다.

```
kubectl proxy
```

4.2.2 API 경로

API 서버에 대한 모든 요청은 HTTP 주소로 시작하는 RESTful API 패턴을 따릅니다. 모든 쿠버네티스 요청은 접두사 /api/(핵심 API) 또는 /apis/(API 그룹별로 그룹화된 API)로 시작합니다. 두 가지 경로 집합은 기본적으로 각자 중요한 이유가 있습니다. API 그룹은 원래 쿠버네티스 API에는 없었기 때문에 파드나 Service와 같은 오리지널 혹은 코어 오브젝트는 API 그룹이 없는 '/api/' 접두어로 유지됩니다. 후속 API는 일반적으로 API 그룹 아래에 추가되므로 '/apis/<api-group>/' 경로를 따릅니다. 예를 들어 Job 오브젝트는 batch API 그룹의 일부이므로 /apis/batch/v1/... 아래에 있습니다.

리소스 경로에 대한 또 하나의 정보는 리소스가 네임스페이스인지 아닌지입니다. 쿠버네티스의 Namespace는 오브젝트에 그룹화 계층을 추가하고 네임스페이스 내에서만 네임스페이스 리소스를 만들 수 있으며, 해당 네임스페이스의 이름은 네임스페이스 리소스의 HTTP 경로에 포함됩니다. 물론 네임스페이스에 없는 리소스(가장 분명한 예는 namespace API 오브젝트 자체)도 있으며 이 경우에는 HTTP 경로에 네임스페이스 구성 요소가 없습니다.

다음은 네임스페이스 리소스 유형을 위한 두 가지 경로 구성 방식입니다.

- /api/v1/namespaces/<namespace-name>/<resource-type-name>/<resource-name>
- /apis/<api-group>/<api-version>/namespaces/<namespace-name>/<resource-type-name>/<resource-name>

다음은 네임스페이스가 없는 리소스 유형을 위한 두 가지 경로 구성 방식입니다.

- /api/v1/<resource-type-name>/<resource-name>
- /apis/<api-group>/<api-version>/<resource-type-name>/<resource-name>

4.2.3 API 검색

물론 API에 요청을 할 수 있으려면 클라이언트가 어떤 API 오브젝트를 사용할 수 있는지 이해해야 합니다. 이 프로세스는 클라이언트 측에서 API 검색으로 수행합니다. 프로세스가 실제로 작동하는지 확인하고 더 실질적인 방법으로 API 서버를 탐색하려면 API 검색을 직접 수행해 볼 수 있습니다.

우선 작업을 단순화하기 위해 kubectl 명령줄 툴의 내장 proxy를 사용하여 클러스터에 인증합니다. 다음과 같이 입력합니다.

```
kubectl proxy
```

로컬 컴퓨터의 포트 8001에서 실행되는 간단한 서버가 만들어집니다.

이 서버를 사용하여 API 검색 프로세스를 시작할 수 있습니다. 다음과 같이 /api 접두사를 검사하면서 시작합니다.

```
$ curl localhost:8001/api
{
  "kind": "APIVersions",
  "versions": [
    "v1"
  ],
  "serverAddressByClientCIDRs": [
    {
      "clientCIDR": "0.0.0.0/0",
      "serverAddress": "10.0.0.1:6443"
    }
  ]
}
```

서버가 APIVersions 유형의 API 오브젝트를 반환했음을 알 수 있습니다. 이 오브젝트는 사용할 수 있는 버전을 나열하는 versions 필드를 제공합니다.

이 경우 한 개의 버전만 있지만 /apis 접두사에는 여러 API 버전[3]이 있습니다. 동일한 버전을

---

3 옮긴이주_ 이는 API 버전 규칙입니다. 쿠버네티스는 필드를 없애거나 /api/v1이나 /apis/extensions/v1beta1과 같이 각각 다른 API 경로에서 복수의 API 버전을 지원합니다.

사용하여 계속 살펴보겠습니다. 아래는 출력 내용을 간결하게 편집한 것입니다.

```
$ curl localhost:8001/api/v1
    {
        "kind": "APIResourceList",
        "groupVersion": "v1",
        "resources": [
          {
....
          {
            "name": "namespaces",
            "singularName": "",
            "namespaced": false,
            "kind": "Namespace",
            "verbs": [
              "create",
              "delete",
              "get",
              "list",
              "patch",
              "update",
              "watch"
            ],
            "shortNames": [
              "ns"
            ]
          },
          ...
          {
            "name": "pods",
            "singularName": "",
            "namespaced": true,
            "kind": "Pod",
            "verbs": [
              "create",
              "delete",
              "deletecollection",
              "get",
              "list",
              "patch",
              "proxy",
              "update",
              "watch"
```

```
      ],
      "shortNames": [
        "po"
      ],
      "categories": [
        "all"
      ]
    },
    {
     "name": "pods/attach",
     "singularName": "",
     "namespaced": true,
     "kind": "Pod",
     "verbs": []
    },
    {
     "name": "pods/binding",
     "singularName": "",
     "namespaced": true,
     "kind": "Binding",
     "verbs": [
        "create"
     ]
    },
    ....
  ]
}
```

자, 이제 조금 진전했습니다. 특정 경로에서 사용 가능한 특정 리소스가 API 서버에 의해 출력되는 것을 볼 수 있습니다. 이 경우 반환된 오브젝트에는 /api/v1/ 경로 아래에 표시되는 리소스 목록이 포함됩니다.

API(메타 API 오브젝트)를 설명하는 오픈 API/스웨거swagger JSON 규격에는 리소스 유형 외에도 다양한 흥미로운 정보가 포함되어 있습니다. Pod 오브젝트에 대한 오픈 API 규격을 생각해봅시다.

```
  {
      "name": "pods",
      "singularName": "",
      "namespaced": true,
      "kind": "Pod",
```

```
          "verbs": [
            "create",
            "delete",
            "deletecollection",
            "get",
            "list",
            "patch",
            "proxy",
            "update",
            "watch"
          ],
          "shortNames": [
            "po"
          ],
          "categories": [
            "all"
          ]
        },
        {
          "name": "pods/attach",
          "singularName": "",
          "namespaced": true,
          "kind": "Pod",
          "verbs": []
        }
```

이 오브젝트를 보면 name 필드가 리소스의 이름을 알려줍니다. 또한 리소스에 대한 하위 경로도 알려줍니다. 영어 단어의 복수형을 추론하는 것은 쉽지 않기 때문에 API 리소스에는 리소스의 단일 인스턴스에 사용해야 하는 이름을 나타내는 singularName 필드가 포함되어 있습니다. 2장에서 네임스페이스에 대해 다룬 적이 있습니다. 오브젝트 설명의 namespaced 필드는 오브젝트가 네임스페이스에 있는지 여부를 나타냅니다. kind 필드는 어떤 종류의 오브젝트인지를 나타내기 위해 API 오브젝트의 JSON 표현에 있는 문자열을 제공합니다. verb 필드는 해당 오브젝트에서 수행할 수 있는 작업의 종류를 나타내기 때문에 API 오브젝트에서 가장 중요합니다. pods 오브젝트에는 가능한 모든 verb가 포함됩니다. verb의 영향도는 대부분 이름으로 알 수 있습니다. 조금 더 설명이 필요한 두 가지는 watch와 proxy입니다. watch는 리소스에 대한 감시를 설정할 수 있음을 나타냅니다. watch는 긴 시간 동안 동작하면서 오브젝트에 대한 변경 사항 알림을 제공하는 작업입니다. watch는 추후에 자세히 다룰 예정입니다. proxy는 API 서버로 네트워크 포트에 프록시 네트워크 연결을 설정하는 특수 작업입니다. 현재 proxy를 지원하는 리소스는 Pod와 Service로 두 개뿐입니다.

오브젝트에서 수행할 수 있는 작업(verb로 설명함) 이외에, 리소스 유형에서 하위 리소스로 모델링된 다른 작업도 있습니다. 예를 들어 attach 명령은 하위 리소스로 모델링됩니다.

```
{
    "name": "pods/attach",
    "singularName": "",
    "namespaced": true,
    "kind": "Pod",
    "verbs": []
}
```

attach는 파드 내에서 실행 중인 컨테이너에 터미널을 연결할 수 있는 기능을 제공합니다. 파드 내에서 명령을 실행할 수 있는 exec 기능과 유사하게 모델링됩니다.

4.2.4 오픈 API 규격

물론 API 서버에 액세스하는 데 사용할 수 있는 리소스와 경로를 아는 것은 쿠버네티스 API에 액세스에 필요한 정보의 일부에 불과합니다. HTTP 경로 외에도 보내고 받을 JSON 페이로드payload를 알아야 합니다. API 서버는 쿠버네티스 리소스 스키마schema에 대한 정보를 알려줄 수 있는 경로도 제공합니다. 이러한 스키마는 오픈 API(이전의 스웨거) 구문을 사용하여 표현됩니다. 다음 경로에서 오픈API 규격을 꺼내볼 수 있습니다.

/swaggerapi

쿠버네티스 v1.10 이전, 스웨거 1.2를 제공합니다.

/openapi/v2

쿠버네티스 v1.10 이상은 오픈 API(스웨거 2.0)[4]

오픈 API 규격은 그 자체로 완전한 하나의 학습 주제이기 때문에 이 책에서는 자세히 다루지

---

4 옮긴이주_ v1.14 이전에서 형식이 구분된 엔드포인트(/swagger.json, /swagger-2.0.0.json, /swagger-2.0.0.pb-v1, /swagger-2.0.0.pb-v1.gz)는 Open API 스펙을 다른 포맷으로 제공합니다. 이러한 엔드포인트는 사용이 중단되었으며, 쿠버네티스 v1.14에서 제거되었습니다. 자세한 내용은 다음 문서를 참고하세요. *https://kubernetes.io/ko/docs/concepts/overview/kubernetes-api/*

않습니다. 어떤 경우에든 여러분이 쿠버네티스를 일상 업무에서 사용하면서 오픈 API를 다룰 필요는 거의 없을 것입니다. 하지만 다양한 클라이언트 프로그래밍 언어 라이브러리는 이러한 오픈 API 규격을 사용하여 생성됩니다(현재 손코딩된 Go 클라이언트 라이브러리는 예외입니다). 따라서 독자 여러분이나 어떤 사용자가 클라이언트 라이브러리로 쿠버네티스 API 일부에 액세스하는 데 문제가 있는 경우, 첫 번째로 살펴봐야할 점은 API 오브젝트가 어떻게 모델링되었는지 이해하는 데 필요한 오픈 API 규격일 것입니다.

4.2.5 API 변환

쿠버네티스에서 API는 알파 API(예: **v1alpha1**)로 시작합니다. '알파'는 API가 불안정하고 상용 환경에서 적합하지 않음을 나타냅니다. 알파 API를 채택한 사용자는 쿠버네티스 릴리스 간에 API가 계속 변경될 수 있으며, API 자체의 구현이 불안정하고 심지어 API가 전체 쿠버네티스 클러스터를 불안정하게 만들 수도 있다는 사실을 모두 예상해야 합니다. 따라서 상용 쿠버네티스 클러스터에서는 알파 API를 사용하지 않습니다.

API가 성숙하면 베타 API(예: **v1beta1**)가 됩니다. '베타'는 API가 일반적으로 안정적이지만 버그나 최종 API에 세부적인 개선이 있을 수 있음을 나타냅니다. 일반적으로 베타 API는 쿠버네티스 여러 릴리스 버전에서 안정적인 것으로 가정되며, 하위 호환성 보장을 목표로 합니다. 그러나 어떤 경우에는 베타 API가 쿠버네티스 릴리스 사이에서 여전히 호환되지 않을 수 있습니다. 또한 베타 API는 안정적이기는 하지만 버그가 존재할 수 있습니다. 베타 API는 일반적으로 상용 쿠버네티스 클러스터에서 사용할 수는 있지만 주의하여 사용해야 합니다.

알파와 베타를 거치면 이제 마침내 API를 일반적으로 사용할 수 있게 됩니다(예: **v1**). 일반 가용성general availability(GA)은 API가 안정적임을 나타냅니다. 이러한 API는 하위 호환성과 일정 기간 지원을 보장합니다. API의 삭제 스케줄이 표시되어도 쿠버네티스는 지원 중단 선언이 된 이후 릴리스 3번과 1년 기간 도래, 이 두 가지가 모두 달성되는 시점까지 API를 보유합니다. 또한 지원 중단deprecation은 거의 없습니다. API는 우수한 대안이 개발된 후에만 사용이 중지됩니다. 마찬가지로 GA API는 안정적이며 모든 상용 용도에 적합합니다.

쿠버네티스의 특정 릴리스는 여러 버전(알파, 베타, GA)을 지원할 수 있습니다. 이를 위해 API 서버에서는 API 표현을 항상 세 가지로 사용합니다. **외부**external는 API 요청으로 들어오는 표현입니다. **내부**internal는 API 서버 내에서 처리되는 오브젝트의 내부 메모리를 표현합니다. **스토리지**는 API 오브젝트를 지속시키기 위해 스토리지 계층에 기록됩니다. API 서버에는 이 모든 표현 사이에서 다양하게 변환하는 방법을 알고 있는 코드가 있습니다. API 오브젝트는 v1alpha1 버전으로 제출되고, v1 오브젝트로 저장되며, v1beta1 오브젝트나 다른 임의 지원 버전으로 검색될 수 있습니다. 이러한 변환은 적절한 변환을 수행하는 기계 생성 **딥 카피**deep-copy 라이브러리를 사용해 합리적인 성능을 발휘하며 이루어집니다.

4.3 요청 관리

쿠버네티스에서 API 서버의 주요 목적은 HTTP 요청의 형태로 API 호출을 수신하고 처리하는 것입니다. 이러한 요청은 쿠버네티스 시스템의 다른 구성 요소에서 요청한 것이거나 최종 사용자가 요청한 것입니다. 두 경우 모두 쿠버네티스 API 서버에서 동일한 방식으로 처리됩니다.

4.3.1 요청의 유형

쿠버네티스 API 서버가 수행하는 요청에는 여러 종류가 있습니다.

GET

가장 간단한 요청은 특정 리소스에 대한 GET 요청입니다. 이 요청은 특정 리소스와 연관된 데이터를 검색합니다. 예를 들어 /api/v1/namespaces/default/pods/foo 경로에 대한 HTTP GET 요청은 foo라는 파드의 데이터를 검색합니다.

LIST

약간 더 복잡하지만 여전히 간단한 요청은 Collection GET 또는 LIST입니다. 이것은 여러 가지 요청을 나열하는 요청입니다. 예를 들어 /api/v1/namespaces/default/pods 경로에 대한 HTTP GET 요청은 default 네임스페이스의 모든 파드 집합을 검색합니다. LIST 요청으로는 선택적으로 레이블 조회를 지정할 수 있습니다. 이 경우 해당 레이블 조회와 일치하는 리소스만 출력됩니다.

POST

리소스를 생성하려면 POST 요청을 사용합니다. 요청 메시지의 본문에는 새로 만들어야 하는 리소스를 넣습니다. POST 요청의 경우, 경로는 리소스 유형입니다(예: `/api/v1/namespaces/default/pods`). 기존 리소스를 업데이트하려면 특정 리소스 경로(예: `/api/v1/namespaces/default/pods/foo`)에 PUT 요청으로 수행합니다.

DELETE

요청을 삭제할 시간이 되면 리소스 경로(예: `/api/v1/namespaces/default/pods/foo`)에 대한 HTTP DELETE 요청이 사용됩니다. 이 변경 사항은 영구적이므로 HTTP 요청이 만들어진 후에는 리소스가 삭제된다는 점에 유의해야 합니다.

이러한 모든 요청의 콘텐츠 유형은 대개 텍스트 기반의 JSON(`application/json`)이지만 최근 쿠버네티스 릴리스는 프로토콜 버퍼 바이너리 인코딩도 지원합니다. 일반적으로 말하면 JSON은 클라이언트와 서버 간의 네트워크에서 사람이 읽을 수 있고 오류 수정을 할 수 있는 트래픽에는 더 적합하지만, 구문 분석하기에는 훨씬 더 복잡하고 비용이 많이 듭니다. 프로토콜 버퍼는 curl과 같은 일반적인 툴을 사용하여 내부 분석을 하기는 어렵지만 API 요청의 성능을 향상하고 처리량을 늘립니다.

이러한 표준 요청 외에도 많은 요청이 웹소켓websocket 프로토콜을 사용하여 클라이언트와 서버 간의 스트리밍 세션을 활성화합니다. 프로토콜의 예로는 exec 및 attach 명령이 있습니다. 요청과 관련된 내용은 다음 절에서 살펴봅니다.

4.3.2 요청의 수명

각기 다른 요청에 대해 API 서버가 무엇을 하는지 더 잘 이해하기 위해, API 서버에 대한 단일 요청 처리를 각 부분으로 나눠서 알아보겠습니다.

인증

요청 처리의 첫 번째 단계는 **인증**authentication입니다. API 서버는 클라이언트 인증서, 베어러 토큰bearer token, HTTP 기본 인증을 비롯한 여러 인증 모드를 지원합니다. 일반적으로 클라이언트 인증서 또는 베어러 토큰을 인증에 사용해야 합니다. HTTP 기본 인증은 권장하지 않습니다.

신원 확인을 위한 로컬 방식 외에도 인증을 추가할 수 있으며, 원격 아이디 공급자를 사용하는 여러 플러그인 구현이 존재합니다. 여기에는 마이크로소프트 애저 액티브 디렉터리뿐만 아니라 오픈아이디 연결^{OpenID Connect}(OIDC) 프로토콜에 대한 지원이 포함됩니다. 이러한 인증 플러그인은 API 서버와 클라이언트 라이브러리 모두로 컴파일됩니다. 즉, 명령줄 툴과 API 서버가 거의 동일한 버전이거나 동일한 인증 방법을 지원해야 할 수 있습니다.

API 서버는 또한 베어러 토큰을 보내서 외부 서버에 인증 결정이 위임되는 원격 웹훅^{webhook} 기반 인증 구성도 지원합니다. 외부 서버는 최종 사용자로부터 베어러 토큰을 확인하고 인증 정보를 API 서버에 반환합니다.

서버 보안은 상당히 중요하기 때문에 이와 관련한 자세한 내용은 7장 인증과 사용자 관리에서 자세히 설명합니다.

RBAC/인가

API 서버가 요청에 대한 ID를 판별하면 인가^{authorization}로 이동합니다. 쿠버네티스에 대한 모든 요청은 전통적인 RBAC 모델을 따릅니다. 요청에 액세스하려면 ID에 요청과 관련된 적절한 역할이 있어야 합니다. 쿠버네티스 RBAC는 풍부하고 복잡한 주제여서 어떻게 작동하는지에 대한 세부사항은 8장에서 상세히 다룹니다. 정리하자면 API 서버는 요청을 처리할 때 요청과 연관된 ID가 요청의 동사와 요청의 HTTP 경로 조합에 액세스할 수 있는지를 결정합니다. 요청의 ID에 적절한 역할이 있는 경우 계속 진행할 수 있습니다. 그렇지 않으면 HTTP 403 응답이 반환됩니다. 관련 내용은 추후 자세히 다룹니다.

승인 제어

요청이 인증되고 인가되면 승인 제어^{admission control}로 이동합니다. 인증 및 RBAC는 요청이 허용되는지를 확인하며, 이는 요청의 HTTP 속성(헤더, 방법, 경로)을 기반으로 합니다. **승인 제어**는 요청이 올바른 형식인지 판별하고, 요청이 처리되기 전에 수정 사항을 잠재적으로 적용합니다. 승인 제어는 플러그 가능한 인터페이스를 정의합니다.

```
apply(request): (transformedRequest, error)
```

어드미션 컨트롤러^{admission controller} (혹은 승인 컨트롤러)가 오류를 발견하면 요청이 거부됩니다. 요청이 수락되면 변환된 요청이 초기 요청 대신 사용됩니다. 어드미션 컨트롤러는 순차적으로 호출되며, 각각 이전 컨트롤러의 출력을 수신합니다.

승인 제어는 매우 일반적인 플러그형 메커니즘이므로 API 서버의 다양한 기능에 사용됩니다. 예를 들어 오브젝트에 기본값을 추가하는 데 사용됩니다. 또한 정책을 적용하는 데도 사용할 수 있습니다(예: 모든 오브젝트에는 특정 레이블이 있어야 한다). 또한 모든 파드에 추가 컨테이너를 주입하는 등의 작업을 수행하는 데 사용할 수 있습니다. 서비스 메시[5]를 위한 이스티오^{Istio}[6]는 이 접근법을 사용하여 사이드카^{sidecar}[7] 컨테이너를 투명하게 주입합니다.

어드미션 컨트롤러는 상당히 일반적이고 웹훅 기반 승인 제어를 통해 API 서버에 동적으로 추가할 수 있습니다.

유효성 검사

요청 유효성 검사는 승인 제어 후에 발생하지만, 승인 제어의 일부로 구현할 수도 있습니다. 특히 외부 웹훅 기반 유효성 검사의 경우에도 그렇습니다. 또한 유효성 검사는 단일 오브젝트에 대해서만 수행됩니다. 클러스터 상태에 대한 더 많은 정보를 필요로 할 경우에는 어드미션 컨트롤러로 구현해야 합니다.

요청 유효성 검사는 요청에 포함된 특정 리소스가 유효함을 보장합니다. 예를 들어 Service 이름이 쿠버네티스 Service 검색 DNS 서버에 프로그래밍되므로 Service 오브젝트의 이름이 DNS 이름과 관련된 규칙을 준수하는지 확인합니다. 일반적으로 유효성 검증은 리소스 유형별로 정의된 사용자 정의 코드로 구현됩니다.

전문화된 요청

표준 RESTful 요청 외에도 API 서버에는 클라이언트에 확장 기능을 제공하는 여러 가지 요청

---

5 옮긴이주_ 기능을 서비스 단위로 나누는 마이크로서비스 아키텍처는 대형 시스템의 경우에 서비스가 많아지고 연결이 복잡해지면서 고장 원인 추적이 어려워지는 문제가 발생합니다. 서비스 메시는 개별 소프트웨어 계층이 아니라 인프라 계층에서 프록시를 활용해 이를 해결하려는 방법입니다.

6 옮긴이주_ 이스티오는 서비스 메시의 프록시를 제어하는 오픈 소스로 구글, IBM, 리프트(Lyft) 등이 함께 구현한 플랫폼 입니다.

7 옮긴이주_ 쿠버네티스에서 사이드카는 기본 애플리케이션의 핵심 기능과 다른 별도의 주변 기능을 일컫습니다. 예를 들어 로깅, 검색, 컨피그 저장 등이 있습니다. 별도의 컨테이너로 동작하므로 기본 애플리케이션의 런타임 환경과 프로그래밍 언어가 달라도 동작이 가능합니다.

패턴이 있습니다.

```
/proxy, /exec, /attach, /logs
```

가장 중요한 작업은 API 서버에 장시간 지속되는 개방형 연결입니다. 이러한 요청은 즉각적인 응답보다는 스트리밍 데이터를 제공합니다.

logs 작업은 스트리밍 요청인데, 가장 이해하기 쉽기 때문에 첫 번째로 설명합니다. 사실 logs는 본래 스트리밍 요청이 아닙니다. 클라이언트는 특정 파드(예: /api/v1/namespaces/default/pods/some-pod/logs)의 경로 끝 부분에 /logs 를 추가하여 파드 로그를 가져오도록 요청한 다음, 컨테이너 이름을 HTTP 쿼리 파라미터와 HTTP GET 요청으로 지정합니다. 기본 요청이 있을 때, API 서버는 현재 시간까지의 모든 로그를 일반 텍스트로 반환한 다음 HTTP 요청을 닫습니다. 그러나 클라이언트가 follow 쿼리 파라미터를 지정하여 로그를 추적하도록 요청하면 API 서버가 HTTP 응답을 계속 열어두고, 새 로그를 API 서버를 통해 쿠블렛에서 수신할 때 HTTP 응답에 기록합니다. 이 연결은 [그림 4-1]에 나와 있습니다.

그림 4-1 컨테이너 로그에 대한 HTTP 요청의 기본 흐름

logs는 요청을 열어두고 더 많은 데이터를 스트리밍하기 때문에 이해하기 가장 쉬운 스트리밍 요청입니다. 나머지 작업은 양방향 스트리밍 데이터를 위해 웹소켓 프로토콜을 이용합니다. 또한 HTTP를 통해 실제로 이러한 스트림 데이터를 다중화[8]하여 다수의 양방향 스트리밍을 가능하게 합니다. 이 모든 것이 약간 복잡해 보이지만, API 서버의 노출 부분에서 중요한 부분입니다.

> **NOTE_** API 서버는 실제로 두 개의 서로 다른 스트리밍 프로토콜을 지원합니다. HTTP2/웹소켓뿐만 아니라 스피디[SPDY] 프로토콜을 지원합니다. 스피디[9]는 HTTP2/웹소켓으로 대체되고 있으므로 웹소켓 프로토콜을 더 주의 깊게 알아두길 바랍니다.

---

8 옮긴이주_ 공통된 통로를 써서 여러 개의 신호를 전송하는 방법으로 주파수 분할, 시분할 방법이 있다(출처: 표준국어대사전, 2019).

9 옮긴이주_ 스피디는 구글이 개발한 비표준 개방형 네트워크 프로토콜로, 크롬 6부터 브라우저에서 웹 콘텐츠를 전송하기 위해 사용했습니다. 2015년 2월, 구글은 HTTP 2.0을 지지하며, 이후 크롬에서 스피디 지원을 제거하겠다고 밝혔습니다. 자세한 내용은 다음 문서를 참고하세요. https://ko.wikipedia.org/wiki/SPDY, http://bit.ly/goodbye-SPDY

이 책에서는 웹소켓 프로토콜을 상세하게 다루지 않습니다. 다만 API 서버를 이해하기 위해서, 웹소켓이 HTTP를 양방향 바이트 스트리밍 프로토콜로 변환하는 프로토콜이라고 생각하면 좋습니다.

그러나 쿠버네티스 API 서버는 이러한 스트림[10] 위에 실제로 추가 다중화 스트리밍 프로토콜을 도입합니다. 많은 사례에서 API 서버가 여러 독립적인 바이트 스트림을 서비스하는 것이 매우 유용하기 때문입니다. 예를 들어 컨테이너 내에서 명령어 실행을 생각해봅시다. 이 경우에는 실제로 3개의 스트림(stdin, stderr, stdout)을 유지해야 합니다.

이 스트리밍의 기본 프로토콜은 다음과 같습니다. 모든 스트림에 0부터 255까지의 숫자가 할당됩니다. 이 스트림 번호는 입력과 출력 모두에 사용되며 개념적으로 한 개의 양방향 바이트 스트림을 모델링합니다.

웹소켓 프로토콜을 통해 전송되는 모든 프레임에 첫 번째 바이트는 스트림 번호(예: 0)이고 프레임의 나머지는 해당 스트림에서 이동하는 데이터입니다.

첫 번째 바이트 스트림 번호 (예: 0)	첫 번째 데이터 바이트	두 번째 데이터 바이트	...	n번째 데이터 바이트

그림 4-2 쿠버네티스 웹소켓 다중 채널 프레임의 예시

API 서버는 프로토콜과 웹소켓을 사용하여 한 개의 웹소켓 세션에서 256바이트 스트림을 동시에 다중화할 수 있습니다.

기본 프로토콜은 다음 채널을 사용하여 exec와 attach 세션에 사용됩니다.

0

stdin는 쓰기 스트림입니다. 프로세스에 기록합니다. 이 스트림에서는 데이터를 읽지 않습니다.

1

stdout은 출력 스트림입니다. 프로세스에서 stdout을 읽습니다. 이 스트림에 데이터를 써서는

---

10 옮긴이주_ 원문에서 혼용한 단어를 문맥에 맞춰 스트리밍 또는 스트림으로 번역했습니다. 스트리밍은 실시간 전송, 스트림은 연속적인 데이터로 이해하면 좋습니다.

안됩니다.

2

stderr은 출력 스트림입니다. 프로세스에서 stderr를 읽습니다. 이 스트림에 데이터를 써서는
안됩니다.

/proxy 엔드포인트는 클라이언트, 클러스터 내에서 실행 중인 컨테이너, 서비스 간의 네트워
크 트래픽을 외부에 노출되는 엔드포인트 없이, 포트 전달을 할 수 있도록 사용됩니다. 이러한
TCP 세션을 스트리밍하려면 프로토콜이 약간 더 복잡합니다. 다양한 스트림을 다중화하는 것
외에도 스트림의 첫 번째 두 바이트(스트림 번호 다음에 실제로 웹소켓 프레임의 두 번째, 세
번째 바이트)가 전달되는 포트 번호이므로 /proxy용 하나의 웹소켓 프레임은 [그림 4-3]과 같
습니다.

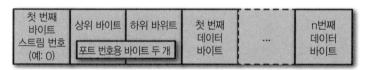

그림 4-3 웹소켓 기반 포트 전달의 데이터 프레임 예시

워치 동작

데이터 스트리밍 외에도 API 서버는 워치 API를 지원합니다. 워치는 변경 경로를 모니터링합
니다. 폴링이 빠르면 추가 로드가 발생하고 폴링 속도가 느리면 지연 시간이 길어지기 때문에,
업데이트를 일정 간격으로 폴링하는 대신 워치를 사용하면 한 개의 연결로도 지연 시간이 짧은
업데이트가 가능합니다. 사용자가 일부 API 서버 요청에 쿼리 파라미터 ?watch = true를 추
가하여 API 서버에 감시 연결을 설정하면, API 서버가 워치 모드로 전환되고 클라이언트와 서
버 간의 연결이 열린 상태로 유지됩니다. 마찬가지로 API 서버가 반환하는 데이터는 더는 API
오브젝트가 아닙니다. 변경(생성, 업데이트, 삭제) 유형과 API 오브젝트 자체를 모두 포함하
는 Watch 오브젝트입니다. 이러한 방식으로 클라이언트는 해당 오브젝트 또는 오브젝트 집합
에 대한 모든 변경 사항을 보고 관찰할 수 있습니다.

낙관적 동시 업데이트

API 서버가 지원하는 추가 고급 작업은 쿠버네티스 API의 **낙관적 동시**^{optimistically concurrent} 업데이트[11]를 수행하는 기능입니다. 낙관적 동시성의 기본 개념은 잠금 장치(비관적인 동시성)를 사용하지 않고 대부분의 작업을 수행하고, 동시 쓰기가 발생했을 때 이를 감지하여 두 개의 동시 쓰기 작업 중 마지막 쓰기 작업의 수행을 거부하는 것입니다. 거부된 쓰기는 재시도되지 않습니다(충돌을 감지하고 쓰기 자체를 재시도하는 것은 클라이언트에게 달려 있습니다).

낙관적 동시성과 충돌 탐지가 필요한 이유를 이해하려면 먼저 읽기/업데이트/쓰기 경쟁 조건의 구조를 알고 있어야 합니다. 많은 API 서버 클라이언트의 작동에는 다음과 같은 3가지 작업이 포함됩니다.

1. API 서버에서 일부 데이터를 읽습니다.
2. 해당 데이터를 메모리에 업데이트합니다.
3. API 서버에 다시 씁니다.

이제 2가지 읽기/업데이트/쓰기 패턴이 동시에 발생하면 어떻게 되는지 상상해봅시다.

1. 서버A는 오브젝트O를 읽습니다.
2. 서버B도 오브젝트O를 읽습니다.
3. 서버A는 클라이언트의 메모리에 있는 오브젝트O를 업데이트합니다.
4. 서버B도 클라이언트의 메모리에 있는 오브젝트O를 업데이트합니다.
5. 서버A는 오브젝트O 쓰기 작업을 합니다.
6. 서버B도 오브젝트O 쓰기 작업을 합니다.

이 작업이 끝나면 서버A의 변경 사항은 서버B의 업데이트로 덮어쓰기 때문에 손실됩니다.

이 문제를 해결하기 위한 두 가지 옵션이 있습니다. 첫 번째는 비관적 잠금^{pessimistic lock} 방식[12]으로 서버A가 오브젝트에서 작동하는 동안 다른 읽기가 발생하지 않도록 합니다. 이 방식은 모든 작업을 직렬화해서 성능과 처리량에 문제를 발생시킵니다.

....

11 옮긴이주_ 낙관적 동시 제어는 DB에서 많이 사용되는 용어인데 레코드를 잠그지 않고도 업데이트 연산이 제대로 수행되는 것을 보장하는 기술입니다. 사용자들이 같은 데이터를 동시에 수정하지 않을 것이라고 가정하며, 수정 시점에 다른 사용자가 값을 변경했는지 검사합니다. 예를 들어 위키백과에서 누군가 문서를 편집할 때 다른 사람도 동시에 같은 부분을 편집하지만 않으면 편집이 가능한 것과 유사합니다.

12 옮긴이주_ 비관적 잠금은 사용자들이 같은 데이터를 동시에 수정할 것이라고 가정하며, 수정 전에 먼저 레코드를 잠그는 것을 의미합니다. 예를 들어 윈도우의 공유 폴더 환경에서 누군가 문서 파일 편집을 할 때, 같은 문서를 읽기전용으로만 열 수 있는 것과 유사합니다.

쿠버네티스 API 서버가 구현한 다른 옵션은 낙관적 동시성입니다. 모든 것이 제대로 동작한다고 가정하고 충돌하는 쓰기 작업이 시도될 때만 문제를 감지합니다. 이를 위해 오브젝트의 모든 인스턴스는 데이터와 리소스 버전을 모두 반환합니다. 이 리소스 버전은 오브젝트의 현재 가장 최신 버전을 나타냅니다. 쓰기가 발생할 때 오브젝트의 리소스 버전이 설정된 경우, 현재 버전이 오브젝트의 버전과 일치하는 경우에만 쓰기가 성공합니다. 그렇지 않으면 'HTTP 오류 409(충돌)'가 반환되고 클라이언트가 다시 시도해야 합니다. 방금 설명한 읽기/업데이트/쓰기 작업이 어떻게 수정되었는지 확인하기 위해 작업을 다시 한번 살펴 보겠습니다.

1. 서버A는 버전 v1에서 오브젝트O를 읽습니다.

2. 서버B도 버전 v1에서 오브젝트O를 읽습니다.

3. 서버A는 클라이언트의 메모리에 있는 버전 v1의 오브젝트O를 업데이트합니다.

4. 서버B도 클라이언트의 메모리에 있는 버전 v1의 오브젝트O를 업데이트합니다.

5. 서버A는 버전 v1에서 오브젝트O를 씁니다. 쓰기 작업이 성공합니다.

6. 서버B는 버전 v1에서 오브젝트O를 쓰지만 오브젝트는 v2 버전입니다. 409 충돌이 반환됩니다.

대체 인코딩

API 서버는 요청에 대해 오브젝트의 JSON 인코딩을 지원할 뿐만 아니라 추가로 다른 두 가지 형식도 지원합니다. 요청의 인코딩은 요청의 콘텐츠 타입Content-Type[13] HTTP 헤더로 표시됩니다. 이 헤더가 없으면 JSON 인코딩을 나타내는 application/json으로 간주됩니다. 첫 번째 대체 인코딩은 YAML이며 application/yaml의 콘텐츠 타입으로 표시됩니다. YAML은 일반적으로 JSON보다 사람이 읽기 좋은 텍스트 기반 형식입니다. 서버와 통신하기 위해 YAML을 인코딩하는 데 사용할 필요는 없지만, 일부 경우(예: curl에서 수동으로 파일을 서버로 보낼 때)에 편리할 수 있습니다.

---

13 옮긴이주_ 이를 이해하기 위해서는 HTTP 프로토콜에 대한 사전지식이 필요합니다. 인프라 HTTP 헤더 내에 엔티티(entity) 헤더 항목은 요청과 응답 메세지 모두에서 사용 가능한 entity에 대한 설명 헤더 부분입니다. HTTP 메시지 내 포함된 구체적인 미디어 타입을 설명하는 데 사용합니다. HTTP 메세지는 이미지, 비디오, 오디오, HTML 문서, 전자메일 등의 오브젝트들을 운반할 수 있습니다. 이 HTTP entity 헤더는 콘텐츠 타입(Content-Type), 콘텐츠 랭귀지(Content-Language), 콘텐츠 인코딩(Content-Encoding) 등으로 구성되어 있으며, 이 중 Content-Type은 해당 오브젝트에 포함되는 미디어 타입 정보를 기록하는 공간입니다. 타입 및 서브 타입으로 구성되며, 타입은 표준이 10개로 지정되어 있습니다(application, audio, example, font, image, message, model, multipart, text, video). 서브 타입은 타입별로 수십에서 수백 개 정도 있습니다. 예를 들어 content-type:application/json;이면 해당 오브젝트가 애플리케이션 타입, Json 서브 타입으로 구성되어 있다는 것을 의미합니다.

요청과 응답에 대한 대체 인코딩은 프로토콜 버퍼 인코딩 형식입니다. 프로토콜 버퍼는 상당히 효율적인 바이너리 오브젝트 프로토콜입니다. 프로토콜 버퍼를 사용하면 API 서버에 대한 처리량 요청이 더 효율적이고 많아질 수 있습니다. 실제로 쿠버네티스의 많은 내장 툴은 프로토콜 버퍼를 전송 수단으로 사용합니다. 하지만 프로토콜 버퍼의 주요 문제점은 바이너리 특성 때문에 와이어 포맷wire format[14]으로 시각화/디버그하는 것이 훨씬 더 어렵다는 것입니다. 또한 일부 클라이언트 라이브러리는 현재 프로토콜 버퍼 요청 또는 응답을 지원할 수 없습니다. 프로토콜 버퍼 형식은 application/vnd.kubernetes.protobuf라는 콘텐츠 타입 헤더로 표시됩니다.

공통 응답 코드

API 서버는 RESTful 서버로 구현되므로 서버의 모든 응답이 HTTP 응답 코드에 대응됩니다. 전형적인 200 OK, 500번 대의 내부 서버 오류뿐만 아니라, 다음과 같이 일반적인 응답 코드가 있습니다.

202

수락됨. 오브젝트를 만들거나 삭제하는 비동기식 요청이 수신되었습니다. 결과는 비동기 요청이 완료될 때까지 상태 오브젝트로 응답합니다. 완료되는 시점에 실제 오브젝트가 반환됩니다.

400

잘못된 요청. 서버가 요청을 구문 분석하거나 이해할 수 없습니다.

401

권한 없음. 알려진 인증 체계 없이 요청이 수신되었습니다.

403

금지됨. 요청을 받았고 이해했지만 접근이 금지되었습니다.

409

충돌. 요청을 받았지만 이전 버전의 오브젝트를 업데이트하라는 요청이었습니다.

---

14 옮긴이주_ 프로토콜 버퍼 메세지는 일련의 키/쌍 값으로 표현됩니다. 와이어 포맷을 사용하면 와이어 타입으로 int값인지, 64비트인지, string인지 표현할 수 있습니다.

처리할 수 없는 항목입니다. 요청이 올바르게 구문 분석되었지만 검증에 실패했습니다.

4.4 API 서버 내부

HTTP RESTful 서비스를 운영하는 기본 사항 외에도 API 서버에는 쿠버네티스 API의 일부를 구현하는 몇 가지 내부 서비스가 있습니다. 일반적으로 이러한 종류의 제어 루프는 API 서버가 아니라 컨트롤러 관리자라고 하는 별도의 바이너리에서 실행됩니다. 그러나 API 서버 내에서 실행해야 하는 몇 가지 제어 루프가 있습니다. 각각의 경우에 대해서 API 서버에 API가 존재하는 이유와 기능을 살펴보겠습니다.

4.4.1 CRD 제어 루프

커스텀 리소스 데피니션custom resource definitions (CRD)는 실행 중인 API 서버에 추가할 수 있는 동적 API 오브젝트입니다. CRD를 만드는 작업은 본질적으로 새로운 HTTP 경로를 생성하므로 API 서버는 서비스하는 방법을 알아야 합니다. 그래서 이러한 경로를 추가하는 컨트롤러가 API 서버 내에 배치됩니다. 다음 장에서 설명할 위임된 API 서버를 추가하면 이 컨트롤러는 실제로 대부분 API 서버에서 추상화됩니다. 현재는 기본적으로 프로세스에서 실행되지만 프로세스가 부족할 수도 있습니다.

CRD 제어 루프는 다음과 같이 작동합니다.

```
for crd in AllCustomResourceDefinitions:
    if !RegisteredPath(crd):
        registerPath

for path in AllRegisteredPaths:
    if !CustomResourceExists(path):
        markPathInvalid(path)
        delete custom resource data
        delete path
```

사용자 정의 리소스의 경로 생성은 매우 간단하지만, 사용자 정의 리소스 자체를 삭제하는 것은 조금 더 복잡합니다. 이는 사용자 정의 자원을 삭제하면 해당 유형의 자원과 관련된 모든 데이터도 삭제한다는 의미이기 때문입니다. 그래서 CRD가 삭제된 후 나중에 다시 읽으려고 한다면 예전 데이터는 다시 복구되지 않습니다.

따라서 HTTP 서비스 경로가 제거되기 전에, 먼저 경로가 유효하지 않은 것으로 표시되어 새 자원을 만들 수 없게 됩니다. 그런 후에 CRD와 관련된 모든 데이터가 삭제되고 마지막으로 경로가 제거됩니다.

4.5 API 서버 디버깅

물론 API 서버의 구현 방식을 이해하는 것도 좋지만 실제로는 API 서버 및 API 서버에 호출하는 클라이언트에서 실제로 일어나고 있는 작업을 디버그할 수 있어야 합니다. 이 디버그를 수행하는 기본적인 방법은 API 서버가 기록하는 로그를 활용하는 것입니다. API 서버가 내보내는 로그 스트림에는 **표준** 또는 **기본** 로그뿐만 아니라 요청이 발생한 이유와 방법과 변경된 API 서버 상태를 캡처하는 보다 세부적인 **감사**audit 로그까지 크게 두 종류의 로그 스트림이 있습니다. 또한 특정 문제를 디버깅하려면 더 자세한 로깅을 설정할 수 있습니다.

4.5.1 기본 로그

기본적으로 API 서버는 API 서버로 전송되는 모든 요청을 기록합니다. 이 로그에는 클라이언트의 IP 주소, 요청 경로, 서버에서 반환한 코드가 포함됩니다. 예상치 못 한 오류로 서버가 패닉 상태에 빠지면 서버는 패닉을 감지해 500 오류를 반환하고 기록합니다.

```
I0803 19:59:19.929302       1 trace.go:76] Trace[1449222206]:
 "Create /api/v1/namespaces/default/events" (started: 2018-08-03
 19:59:19.001777279 +0000 UTC m=+25.386403121) (total time: 927.484579ms):
Trace[1449222206]: [927.401927ms] [927.279642ms] Object stored in database
I0803 19:59:20.402215       1 controller.go:537] quota admission added
 evaluator for: { namespaces}
```

이 로그의 기록은 타임스탬프 I0803 19:59:...로 시작해서 해당 로그를 기록한 trace.go:76 이 뒤따라 붙으며, 마지막으로 로그 메시지 자체로 구성된다는 것을 알 수 있습니다.

4.5.2 감사 로그

감사 로그audit log는 쿠버네티스 API의 현재 데이터 상태를 유발한 서버의 상태와 일련의 클라이언트 상호작용을 서버 관리자가 포렌식으로 복구할 수 있도록 기록한 것입니다. 예를 들어 운영자는 "왜 ReplicaSet이 100까지 확장되었나요?", "누가 그 파드를 삭제했습니까?"와 같은 질문에 대답할 수 있습니다.

감사 로그는 기록된 위치에 대한 장착형 백엔드[15]가 있습니다. 일반적으로 감사 로그는 파일에 기록되지만 웹훅에 기록될 수도 있습니다. 두 경우 모두 기록된 데이터는 audit.k8s.io API 그룹 event 타입의 구조화된 JSON 오브젝트입니다.

감사 자체는 동일한 audit.k8s.io API 그룹의 정책 오브젝트로 구성할 수 있습니다. 이 정책으로 감사 이벤트가 감사 로그로 내보내는 규칙을 지정할 수 있습니다.

4.5.3 추가 로그 활성화

쿠버네티스는 로깅에 github.com/golang/glog[16] 수준 로깅 패키지를 사용합니다. API 서버에서 --v 플래그를 사용하면 자세한 로깅 세부 수준을 조정할 수 있습니다. 일반적으로 쿠버네티스 프로젝트에서는 로그 정보가 관련성이 있되 너무 스팸성 메시지가 되지 않도록 로그 상세함verbosity 수준을 설정합니다. 정상적인 기본값으로 레벨 2(--v=2)를 설정합니다. 특정한 문제를 자세히 조사하고 싶다면 로깅 수준을 높여 더 많은(스팸성 메시지일 수도 있음) 메시지를 볼 수 있습니다. 과도한 로깅은 성능에 영향을 끼칠 수 있으므로 상용 환경에서는 상세 로그 수준으로 높여서 실행하지 않는 것이 좋습니다. 특정 부분에 더 많은 로깅을 바란다면 --vmodule 플래그를 사용해서 개별 소스 파일의 로그 수준을 높일 수 있습니다. 이 기능은 작은 파일 집합으로 매우 한정된 부분을 자세하게 로깅하는 데 유용할 수 있습니다.

---

15 옮긴이주_ 장착형(pluggable) 저장소 백엔드는 운영 요구 사항에 맞춰서 어떤 유형의 저장 공간에 저장할지 선택할 수 있도록 지원해줍니다.

16 옮긴이주_ 구글에서 공개한 glog는 애플리케이션 수준의 로깅을 구현한 라이브러리입니다.

4.5.4 kubectl 요청 디버깅

로그를 통해 API 서버를 디버깅하는 것 외에도 kubectl 명령줄 툴로 API 서버와의 상호작용을 디버깅할 수도 있습니다. API 서버와 마찬가지로 kubectl 툴도 github.com/golang/glog 패키지로 로깅하고 --v 상세 표시 플래그를 지원합니다. 상세함 수준에 레벨 10(--v=10)을 설정하면 최대로 자세한 로깅이 설정됩니다. 이 모드에서 kubectl은 서버에 대한 모든 요청을 기록하고 요청을 다시 복사해서 사용할 수 있도록 curl 명령을 인쇄합니다. 다만 이 curl 명령은 때때로 불완전할 수 있습니다.

추가로, API 서버를 직접 포크해보고 싶다면 API 검색을 탐색하기 위해 앞에서 사용한 방법(4.2.3 절 API 검색 참고)이 효과적입니다. kubectl 프록시를 실행하면 로컬의 $HOME/.kube/config 파일을 기반으로 인증 및 인증 자격 증명을 자동으로 제공하는 프록시 서버가 로컬 호스트에 만들어집니다. 프록시를 실행한 후에는 curl 명령을 사용하여 다양한 API 요청을 처리하는 것이 매우 간단합니다.

4.6 마치며

인프라 운영자가 클라우드 고객에게 제공하는 핵심 서비스가 쿠버네티스 API입니다. 이 서비스를 효과적으로 제공하려면 쿠버네티스를 구성하는 핵심 구성 요소를 이해하고, 고객이 애플리케이션을 구축하기 위해 API를 어떻게 결합하는지 이해하여, 유용하고 신뢰할 수 있는 쿠버네티스 클러스터를 구현해야 합니다. 4장을 다 읽었다면 쿠버네티스 API에 대한 기본 지식과 사용 방법을 알게 되었을 것입니다.

## CHAPTER 5

스케줄러

쿠버네티스 API의 주요 작업 중 하나는 컴퓨터 클러스터의 작업자 노드에 컨테이너를 스케줄링하는 것입니다. 이 작업은 쿠버네티스 스케줄러라는 쿠버네티스 클러스터의 전용 바이너리가 수행합니다. 5장에서는 스케줄러의 작동 방식, 확장 방법, 스케줄러로 대체 또는 증강하는 방법을 설명합니다. 쿠버네티스는 스테이트리스 웹 서비스부터 스테이트풀 애플리케이션, 빅데이터 배치 작업, GPU 상의 머신러닝까지 이르는 다양한 워크로드를 처리할 수 있습니다. 이렇게 다양한 애플리케이션 모두가 동일한 클러스터에서 조화롭게 작동할 수 있게 하는 열쇠는 **작업 스케줄링** 애플리케이션에 있습니다. 이 스케줄링은 각 컨테이너가 가장 적합한 워커 노드에 배치되게 합니다.

5.1 스케줄링이란

파드를 처음 만들면 일반적으로 nodeName 필드가 없습니다. nodeName은 파드가 실행될 노드를 나타냅니다. 쿠버네티스 스케줄러는 nodeName이 없는 파드에 대해(watch 요청으로) API 서버를 지속적으로 검사합니다. 이런 파드는 스케줄링에 적합한 파드입니다. 그런 다음 스케줄러는 파드에 적합한 노드를 선택하고 스케줄러가 선택한 nodeName으로 파드 정의를 업데이트합니다. nodeName을 설정하면 해당 노드에서 실행 중인 쿠블렛은 파드가 있는지(다시 watch 요청을 해서) 알게 되고 해당 노드에서 해당 파드를 실제로 실행하기 시작합니다.

5.2 스케줄링 프로세스

스케줄러가 노드에 할당되지 않은 파드를 발견하면 파드를 스케줄링할 노드를 결정해야 합니다. 파드가 위치할 알맞은 노드는 여러 가지 요인에 따라 결정되며 그중 일부는 고객이 제공하고 일부는 스케줄러가 계산합니다. 일반적으로 스케줄러는 특정 파드에 가장 적합한 노드를 찾기 위해 다양한 기준을 최적화하려고 합니다.

5.2.1 사전 조건

파드를 스케줄링하는 방법을 결정할 때 스케줄러는 두 가지 일반적인 개념을 사용해 결정합니다. 첫 번째는 **사전**predicate **조건**입니다. 간단히 말하면 사전 조건은 파드가 특정 노드에 적합한지를 나타냅니다. 사전 조건은 엄격한 제한constraint 조건이며, 이를 위반할 경우 해당 노드에서 파드가 올바르게 작동하지 않을 수 있습니다. 이러한 제한 조건의 예로 파드에서 요청한 메모리의 양을 들 수 있습니다. 노드에서 해당 메모리를 사용할 수 없으면 파드는 필요한 모든 메모리를 가져올 수 없으며 제한 조건을 위반합니다. 이는 잘못된 것입니다. 사전 조건의 다른 예로는 고객이 지정한 노드 셀렉터 레이블 조회를 들 수 있습니다. 이는 고객이 노드 레이블에 표시된 대로 특정 노드에서만 파드를 실행하도록 요청한 경우입니다. 만약 어떤 노드에 필요한 레이블이 없으면 사전 조건을 통과할 수 없습니다.

5.2.2 우선순위

사전 조건은 파드가 참이거나 거짓 즉, 파드가 특정 노드에 맞거나 맞지 않는 상황을 나타냅니다. 스케줄러가 노드별로 기본 설정을 결정하는 데 사용하는 추가 일반 인터페이스가 있습니다. 이러한 기본 설정은 **우선순위**priority 또는 **우선순위 기능**priority function 으로 표현됩니다. 우선순위 기능의 역할은 특정 노드에 대한 파드 스케줄링의 상대적 가치를 기록하는 것입니다. 사전 조건과 달리 우선순위 기능은 노드에 스케줄된 파드가 실행 가능한지를 나타내지 않습니다. 파드가 노드에서 성공적으로 실행할 수 있다고 '가정'합니다. 하지만 반대로 우선순위 기능은 특정 노드에서 파드 스케줄링의 상대적 가치를 판단하려고 합니다.

예를 들어 우선순위 기능은 이미지가 이미 존재하는 노드에 가중치를 부여합니다. 따라서 이미지가 존재하지 않기 때문에 외부에서 가져오느라 파드 시작이 지연되는 노드보다 우선순위가 높은 노드에서 컨테이너가 빠르게 시작됩니다.

spreading은 우선순위 기능 중에서 중요한 기능인데, 동일한 쿠버네티스 Service의 멤버인 파드가 없는 노드의 우선순위를 결정합니다. 이는 시스템이 고장 나 특정 서비스의 모든 컨테이너를 사용할 수 없게 될 가능성을 줄이므로 안정성을 보장하는 데 사용됩니다.

궁극적으로 노드에 대한 최종 우선순위 점수를 얻기 위해서 모든 다양한 사전 조건 값이 함께 혼합되고, 최종 점수는 파드를 어디에 스케줄링해야 하는지 결정하는 데 사용됩니다.

5.2.3 상위레벨 알고리즘

스케줄링이 필요한 모든 파드에 스케줄링 알고리즘이 적용됩니다. 상위 레벨 관점에서 알고리즘은 다음과 같습니다.

```
schedule(pod): string
    nodes := getAllHealthyNodes()
    viableNodes := []
    for node in nodes:
        for predicate in predicates:
            if predicate(node, pod):
                viableNodes.append(node)

    scoredNodes := PriorityQueue<score, Node[]>
```

```
priorities := GetPriorityFunctions()
for node in viableNodes:
    score = CalculateCombinedPriority(node, pod, priorities)
    scoredNodes[score].push(node)

bestScore := scoredNodes.top().score
selectedNodes := []
while scoredNodes.top().score == bestScore:
  selectedNodes.append(scoredNodes.pop())

node := selectAtRandom(selectedNodes)
return node.Name
```

쿠버네티스 깃허브 페이지에서 실제 코드를 찾을 수 있습니다. *http://bit.ly/2Or3Y5Z*

스케줄러의 기본 작동은 다음과 같습니다. 첫째, 스케줄러는 현재 알려진 노드와 정상 노드의 모든 목록을 가져옵니다. 그런 다음 각 사전 조건에 대해서 노드와 스케줄된 파드를 기준으로 스케줄러가 사전 조건을 평가합니다. 노드가 실행 가능하면(파드가 해당 노드에서 실행될 수 있음), 노드가 스케줄링 가능한 노드 목록에 추가됩니다. 다음으로 모든 우선순위 기능이 파드와 노드의 조합으로 작동됩니다. 결과는 점수순으로 정렬된 우선순위 대기열에 입력되며 대기열 맨 위에 가장 점수가 높은 노드가 있습니다. 그런 다음 동일한 점수를 가진 모든 노드가 우선순위 대기열에서 빠져나와서 최종 목록에 배치됩니다. 이 노드들은 완전히 동일한 것으로 간주되며 그중 하나는 라운드 로빈 방식으로 선택되고 파드가 스케줄되어야 하는 노드로 반환됩니다. 라운드 로빈은 무작위로 선택하는 대신 동일한 노드 사이에서 파드의 분포가 균등해지도록 사용됩니다.

5.2.4 충돌

파드가 스케줄링된 시간(T_1)과 컨테이너가 실제로 실행되는 시간(T_N) 사이에 지연 시간이 있기 때문에, 스케줄링과 실행 사이의 간격 동안 다른 작업 때문에 스케줄링 결정이 무효가 될 수 있습니다.

어떤 경우에는 더 나은 노드가 할당될 수 있을 때 약간 덜 이상적인 노드가 선택된다는 것을 의미할 수도 있습니다. 이는 파드가 시간 T_1 이후지만, 시간 T_N 이전에 종료되었거나 클러스터의 기타 변경으로 종료되어 발생할 수 있습니다. 일반적으로 이러한 종류의 소프트 제약 조건

충돌은 그다지 중요하지 않으며 결국엔 정상화됩니다. 따라서 이러한 충돌은 쿠버네티스가 무시합니다. 스케줄링 결정은 단 한순간에만 최적입니다. 시간이 지나고 클러스터가 변경되면 항상 더 나빠질 수 있습니다.

> **NOTE_** 이런 상황을 조금이라도 개선하기 위해 쿠버네티스 커뮤니티에서 진행하는 작업이 있습니다. 쿠버네티스-디스케줄러 프로젝트(*https://github.com/kubernetes-incubator/descheduler*)입니다. 디스케줄러를 쿠버네티스 클러스터 내에서 실행하면 상당히 작은 것으로 판단되는 파드를 검색합니다. 만약 그런 파드를 발견하면 디스케줄러는 현재 노드에서 해당 파드를 제거합니다. 하지만 결과적으로는 쿠버네티스 스케줄러가 그 파드를 다시 생성합니다.[1]

더 심각한 충돌은 클러스터에 대한 변경사항이 스케줄러의 강한 제약 조건을 위반할 때 발생합니다. 예를 들어 스케줄러가 노드N에 파드P를 배치하기로 결정했다고 가정해봅시다. 더불어 파드P가 작동하려면 2개의 코어가 필요하고 노드N에는 정확히 2개의 여유 용량 코어가 있다고 생각합시다. 이때 시간 T_1에서 스케줄러는 노드N이 파드P를 실행할 수 있는 충분한 용량을 가지고 있다고 판단했습니다. 그러나 스케줄러가 코드에서 결정을 내리고 결정이 파드에 다시 기록되기 전에 새로운 DaemonSet이 생성되었습니다. 이 DaemonSet은 노드N을 포함하여 모든 노드에서 실행되는 1개의 용량 코어를 사용하는 다른 파드를 만듭니다. 이제 노드N은 1개의 코어만 사용 가능하지만 2개의 코어가 필요한 파드P를 실행해야 합니다. 노드N의 새로운 상태를 고려할 때 이 작업은 가능하지 않지만 스케줄링 결정은 이미 내려졌습니다.

파드 및 노드에 대한 사전 조건을 더는 통과할 수 없는 파드의 실행을 요청 받은 것을 노드가 알게 되면, 해당 파드는 실패한 것으로 표시됩니다. ReplicaSet에서 파드를 만든 경우, 이 실패한 파드는 ReplicaSet의 액티브 멤버로 계산되지 않으므로 새로운 파드가 생성되어 다른 적합한 노드에 스케줄링됩니다. 실패 동작은 쿠버네티스가 독립형 파드를 안정적으로 실행할 수 없다는 것을 의미하기 때문에 꼭 이해해야 합니다. 파드가 한 개뿐이어도 반드시 ReplicaSet 또는 Deployment로 실행해야 합니다.

----

1   옮긴이주_ 스케줄링은 한 순간에만 최적이므로, 이후 충돌 등 여러 가지 이유로 이미 실행 중인 파드를 다른 노드로 이동해야 할 수도 있습니다. 이동(migration)할 수 있는 VM과는 다르게 파드는 삭제하고 새로 생성하는 개념이므로, 디스케줄러가 삭제하고 스케줄러가 생성하여 이동하게 됩니다.

5.3 스케줄링 제어하기

물론, 쿠버네티스가 수행하는 스케줄링 결정을 더 세밀하게 제어하고 싶은 경우가 있습니다. 각자의 사전 조건과 우선순위를 추가하여 이 작업을 수행할 수 있지만, 상당히 많은 작업입니다. 다행스럽게도 쿠버네티스는 운영자가 각자의 코드를 개발할 필요 없이 사용자 정의 스케줄링할 수 있도록 여러 툴을 제공합니다.

5.3.1 노드 셀렉터

쿠버네티스의 모든 오브젝트에는 연관된 레이블 집합이 있습니다. 레이블로 쿠버네티스 오브젝트에 대한 메타데이터를 식별할 수 있으며, 레이블 셀렉터로 다양한 작업을 위한 API 오브젝트 집합을 동적으로 식별할 수 있습니다. 예를 들어 쿠버네티스 로드 밸런서 뒤의 트래픽을 처리하는 파드 집합을 식별하는 데 레이블과 레이블 셀렉터가 사용됩니다.

또한 쿠버네티스 클러스터에서 특정 파드 스케줄링에 사용하는 노드의 부분 집합을 식별하는 데도 레이블 셀렉터가 사용될 수 있습니다. 기본적으로 클러스터의 모든 노드는 스케줄링 대상이지만 파드 또는 파드 템플릿의 `spec.nodeSelector` 필드를 입력하면 노드의 초기 집합을 부분 집합으로 줄일 수 있습니다.

예를 들어 NVMe 지원 SSD와 같이 고성능 스토리지가 있는 시스템에 워크로드를 스케줄링하는 작업을 가정해보겠습니다. 이러한 스토리지는(적어도 이 책의 집필 시점에서는) 매우 비싸서 모든 시스템에 존재하지는 않을 겁니다. 따라서 이 스토리지가 있는 모든 시스템에는 다음과 같은 추가 레이블을 부여하게 됩니다.

```
kind: Node
metadata:
  - labels:
      nvme-ssd: true
  ...
```

파드를 NVMe SSD가 있는 시스템에 항상 스케줄링 하려면 노드의 레이블과 일치하도록 파드의 `nodeSelector`를 설정해야 합니다.

```
kind: Pod
spec:
  nodeSelector:
    nvme-ssd: true
...
```

쿠버네티스는 레이블이 있는 경우 모든 노드가 nodeSelector 레이블 조회 결과와 일치해야 한다는 기본 사전 조건을 가집니다. 따라서 nvme-ssd 레이블이 있는 모든 파드는 항상 적절한 하드웨어가 있는 노드에만 스케줄링됩니다.

앞서 5.2.4절에서 언급했듯이 노드 셀렉터는 스케줄링 시에만 계산합니다. 노드가 능동적으로 추가되고 제거되면 컨테이너가 실행될 때까지 노드 셀렉터가 실행 중인 노드에 더 맞추기 어려워질 수 있습니다.

5.3.2 노드 어피니티

노드 셀렉터는 파드가 특정 노드에 위치하도록 보장하는 간단한 방법을 제공하지만 유연성이 부족합니다. 특히 더 복잡한 논리 표현(예: 레이블 foo는 A 또는 B 노드를 선택하세요)이나, 안티어피니티antiaffinity (레이블 foo는 A 노드를 선택하되 레이블 bar는 C 노드를 선택하지 마세요)를 나타낼 수 없습니다. 마지막으로 노드 셀렉터는 선호도가 아닌 요구 사항을 지정하는 사전 조건입니다.

쿠버네티스 v1.2 릴리스부터는 노드 셀렉션에 **어피니티 개념이** 파드 사양에서 어피니티 구조를 통해 추가되었습니다. 어피니티는 이해하기가 꽤 복잡한 구조이지만 더 복잡한 스케줄링 정책을 표현하려는 경우 훨씬 유연합니다.

방금 언급한 예를 다시 생각해봅시다. 레이블 foo이면 A 또는 B 값이 있는 노드로 파드를 스케줄링해야 했습니다. 이는 다음과 같은 어피니티 정책으로 나타낼 수 있습니다.

```
kind: Pod
...
spec:
  affinity:
    nodeAffinity:
```

```
    requiredDuringSchedulingIgnoredDuringExecution:
      nodeSelectorTerms:
      - matchExpressions:
        # foo == A or B
        - key: foo
          operator: In
          values:
          - A
          - B
...
```

안티어피니티를 나타내려면 정책 레이블 foo에 값 A가 있고 레이블 bar가 C와 같지 않도록 설정하기 바랍니다. 이는 다소 복잡하지만 비슷한 방식으로 다음과 같이 표현됩니다.

```
kind: Pod
...
spec:
  affinity:
    nodeAffinity:
      requiredDuringSchedulingIgnoredDuringExecution:
        nodeSelectorTerms:
        - matchExpressions:
          # foo == A
          - key: foo
            operator: In
            values:
            - A
          # bar != C
          - key: bar
            operator: NotIn
            values:
            - C
...
```

> **NOTE_** 두 예제에는 연산자 In과 NotIn이 포함됩니다. 쿠버네티스는 Exists를 허용합니다. Exists는 값과 관계없이 레이블 키가 있어야 하며 NotExists는 레이블이 없는 것을 요구합니다. 또한 상대적으로 더 큰 값과 작은 값을 각각 나타내는 Gt greater-than와 Lt less-than 연산자가 있습니다. Gt 또는 Lt 연산자를 사용하는 경우 값의 배열은 정수 한 개로 구성되며 노드 레이블도 정수로 표시되어야 합니다.

지금까지 우리는 노드 어피니티가 노드를 선택하는 더 정교한 방법을 제공한다고 보았지만, 여전히 사전 조건만 표현했습니다. 이는 requiredDuringSchedulingIgnoredDuringExecution 때문에 발생합니다. 글자 수가 많긴 하지만 이것이 노드 어피니티 동작을 정확하게 설명합니다. 레이블 표현식은 스케줄링이 실행될 때는 반드시 일치해야 하지만 파드가 실행 중일 때에는 일치하지 않아도 됩니다.

요구 사항 대신(또는 요구 사항 외에도) 노드에 우선순위를 표시하려면 preferredDuringSchedulingIgnoredDuringExecution을 사용할 수 있습니다. 앞의 예로 다시 돌아가보면 우리는 foo를 A 또는 B로 지정해야 했습니다. 이를 스케줄링할 때 A로 라벨링된 노드를 더 선호하는 것으로 표현해보겠습니다. preference 구조에서 weight 값으로 다른 우선순위 요소보다 선호도를 얼마나 중요하게 만들지 조정할 수 있게 됩니다.

```yaml
kind: Pod
...
spec:
  affinity:
    nodeAffinity:
      requiredDuringSchedulingIgnoredDuringExecution:
        nodeSelectorTerms:
        - matchExpressions:
          # foo == A or B
          - key: foo
            operator: In
            values:
            - A
            - B
      preferredDuringSchedulingIgnoredDuringExecution:
        preference:
        - weight: 1
          matchExpressions:
          # foo == A
          - key: foo
            operator: In
            values:
            - A
...
```

노드 어피니티는 현재 베타 기능입니다. 쿠버네티스 v1.4 이상에서는 비슷한 구문으로 파드 어피니티가 도입되었습니다(node를 pod로 변경). 파드 어피니티를 사용하면 요구 사항이나 선호도를 표시하여, 특정 레이블이 있는 파드에 인접한 곳이든 멀리 떨어진 곳이든 스케줄링할 수 있습니다.

5.3.3 테인트와 톨러레이션

노드와 파드 어피니티를 사용하면 파드의 선호도를 지정하여 특정 노드 집합 또는 특정 파드 집합 근처로 파드를 스케줄링하거나 하지 않을 수 있습니다. 그러나 올바른 스케줄링 동작을 수행하려면 컨테이너를 만들 때 고객의 작업이 필요합니다. 이때 쿠버네티스 클러스터 운영자로서, 고객의 행동을 변경하지 않고도 스케줄링을 조작하고 싶을 때가 때때로 있을 것입니다.

예를 들어 이기종 쿠버네티스 클러스터를 생각해봅시다. 하드웨어 타입이 혼합되어 있을 수 있습니다. 일부는 구형 1GHz 프로세서이고 일부는 새로운 3GHz 프로세서라고 가정해봅시다. 일반적으로 고객이 특별히 요청하지 않는 한 쿠버네티스 운영자는 이전 프로세서에 작업을 스케줄링하길 원하지는 않을겁니다. 모든 고객이 구형 하드웨어에 대해서 파드에 명시적으로 안티어피니티를 추가해야 하므로 차라리 쿠버네티스 운영자가 노드 안티어피니티로 수행하는 편을 택할 겁니다.

이 사례가 **노드 테인트**node taint 개발에 동기를 부여했습니다. 노드 테인트는 말 그대로 오염입니다. 테인트가 노드에 적용되면 노드는 오염된 것으로 간주되어 기본적으로 스케줄링에서 제외됩니다. 오염된 노드는 어떤 것이든 스케줄링 시에 사전 조건 검사에서 실패합니다.

그러나 1GHz 프로세서에 액세스하려는 고객을 생각해봅시다. 이 고객들의 작업은 시간이 중요하지 않고, 1GHz 프로세서는 수요가 훨씬 적기 때문에 비용이 적게 듭니다. 이를 위해 고객은 특정 테인트에 대한 톨러레이션toleration[2]을 추가하여 1GHz 프로세서를 선택합니다. 이러한 허용은 스케줄링 사전 조건에 통과하도록 해서 노드가 오염된 프로세서를 스케줄링하게 합니다. 테인트에 대한 톨러레이션으로 파드가 오염된 프로세서에서 작동할 수는 있지만, 파드가 굳이 오염된 곳에서 작동할 필요는 없습니다. 실제로 모든 우선순위는 이전과 마찬가지로 실행

---

2 옮긴이주_ 테인트(taint)와 톨러레이션(toleration)은 쿠버네티스 한글화팀 용어집에 따라 음차로 표기했습니다. 사전적 의미로 테인트는 동사로 오염시키다. 톨러레이션은 명사로 용인, 관용을 의미합니다.

되므로 클러스터의 모든 프로세서를 실행할 수 있습니다. 파드를 특정 노드로 강제하는 것은 앞에서 설명한 nodeSelector 또는 어피니티의 유스 케이스입니다.

5.4 마치며

쿠버네티스의 핵심 기능 중 하나는 컨테이너를 실행하라는 고객의 요청을 수행하고, 그 컨테이너를 적절한 노드에 스케줄링하는 것입니다. 클러스터 운영자에게 스케줄러의 동작은 안정적인 클러스터를 구축하고, 활용도와 효율성을 높이는 데 중요합니다. 마지막으로 클러스터의 사용 방법을 고객에게 잘 가르쳐주는 것도 운영자의 중요한 역할입니다.

## CHAPTER 6

쿠버네티스 설치

쿠버네티스의 작동 방식을 개념적으로 완전히 이해하려면, 실제로 쿠버네티스 클러스터를 다뤄보는 것이 좋습니다. 다행히 요즘에는 쿠버네티스를 사용해볼 수 있는 툴이 아주 많습니다. 보통 몇 분이면 충분합니다. 노트북에서 Minikube 같은 툴을 이용하든, 로컬 설치를 하든, 클라우드 공급업체가 제공하는 서비스를 이용하든, 쿠버네티스 클러스터는 이제 거의 모든 사람이 누구나 사용할 수 있습니다.

다양한 프로젝트와 서비스가 클러스터 구축을 쉽고 편하게 하는 데 큰 도움을 주었지만, 한편으로 이런 유연성을 허용하지 않는 경우가 많이 있습니다. 기업에 속해 있다면 퍼블릭 클라우드 사용을 방해하는 내부 규정이나 규제가 있을 수 있습니다. 또는 기업 내의 자체 데이터 센터에서 나름대로 많은 것을 이미 연구했을 수도 있습니다. 상황이야 어떠하든 이제 쿠버네티스 배포에 적합하지 않은 환경을 찾기란 어려울 것입니다.

쿠버네티스의 분산된 구성 요소가 어떻게 작동하는지 이해하기 위해서 쿠버네티스를 어디에서 어떻게 사용하는지에 대한 기본적인 계획 이외에도, 컨테이너화된 애플리케이션 납품을 실제로 가능케 하고 상용화하는 아키텍처를 이해하는 것이 중요합니다. 6장에서는 관련 서비스와 이들 서비스가 어떻게 설치되는지 살펴보겠습니다.

6.1 쿠베어드민

다양한 쿠버네티스 설치 솔루션 중에는 커뮤니티가 지원하는 쿠베어드민^{kubeadm} 유틸리티가 있습니다. 이 애플리케이션은 쿠버네티스를 설치하는 데 필요한 모든 기능을 제공합니다. 실제로 가장 단순한 경우 쿠버네티스 설치는 단 하나의 명령으로 몇 분 만에 실행할 수 있습니다. 이렇게 간단하다 보니 개발자와 상용 수준의 작업이 필요한 사람들에게 매우 매력적인 툴이 되었습니다. 쿠베어드민 코드는 메인 코드에 반영되어 있으며 쿠버네티스 릴리스와 함께 출시되기 때문에, 공통 기본 요소를 함께 공유하며 많은 유스 케이스에서 철저하게 테스트됩니다.

> **NOTE_** 쿠베어드민은 간단하고 매우 유용해서 많은 쿠버네티스 설치 툴이 쿠베어드민을 활용합니다. 그리고 쿠베어드민을 활용하는 프로젝트의 수가 꾸준히 증가하고 있습니다. 쿠베어드민을 기본 설치 툴로 선택하지 않더라도 이 툴이 어떻게 작동하는지 이해하면, 쿠버네티스의 다른 툴을 더 잘 이해하고 다루는 데 도움이 될 것입니다.

상용 수준의 쿠버네티스 배포에서는 데이터가 안전하게 보호됩니다. 데이터가 전송 중인지 아닌지는 상관이 없습니다. 또한 쿠버네티스 구성 요소끼리 궁합이 잘 맞고, 환경과 통합이 잘 정의되고, 모든 클러스터 구성 요소의 설정이 잘 동작할 것을 보장합니다. 이상적으로는 이러한 클러스터들을 쉽게 업그레이드할 수 있으며 최종 구성 방식도 모범 사례를 지속적으로 반영합니다. 쿠베어드민이 이 모든 것을 이루는 데 도움을 줄 수 있습니다.

6.1.1 요구 사항

모든 쿠버네티스 바이너리와 마찬가지로 쿠베어드민도 고정적으로 연결되어^{link} 있습니다. 공유 라이브러리에는 아무런 의존성이 없으며 쿠베어드민은 x86_64, ARM, PowerPC 리눅스 배포판에 모두 설치할 수 있습니다.

다행히도 호스트 애플리케이션 관점에서 볼 때 우리에게 필요한 것이 별로 없습니다. 기본적으로 컨테이너 런타임과 쿠버네티스 쿠블렛이 필요하고 몇 가지 표준 리눅스 유틸리티가 필요합니다.

컨테이너 런타임을 설치할 때 컨테이너 런타임 인터페이스^{container runtime interface}(CRI)를 준수하는지 확인해야 합니다. 이 공개 표준은 쿠블렛이 호스트에서 사용 가능한 런타임과 통신하는 데 쓰는 인터페이스를 정의합니다. 이 책의 집필 시점에서 가장 인기 있는 CRI 호환 런타임은 도커, rkt, CRI-O입니다. 개발자는 각 런타임에 대해 해당 프로젝트에서 제공하는 설치 설명서을 참고해야 합니다.

> **NOTE_** 컨테이너 런타임을 선택할 때는 쿠버네티스 릴리스 노트를 참조하십시오. 각 릴리스에서는 테스트된 컨테이너 런타임을 명확하게 표시합니다. 어떤 런타임과 릴리스 버전이 호환 가능하고 실행 가능한지 알아야 합니다.

6.1.2 쿠블렛

3장에서도 언급했듯이 쿠블렛은 컨테이너 런타임과의 인터페이스를 담당하며 호스트에서 동작하는 프로세스입니다. 일반적으로 쿠블렛은 노드 상태를 API 서버에 보고하고 호스트에 스케줄링된 파드의 전체 생명 주기를 관리합니다.

쿠블렛 설치는 대개 배포에 적합한 패키지를 다운로드하고 설치하는 것만큼 간단합니다. 항상 실행하려는 쿠버네티스 릴리스 버전과 일치하는 버전으로 쿠블렛을 설치해야 합니다. 쿠블렛은 호스트 관리자 입장에서는 1개뿐인 쿠버네티스 프로세스입니다. 거의 모든 경우에 쿠블렛은 systemd로 관리될 것입니다.

커뮤니티에서 빌드하고 제공한 시스템 패키지(현재 deb, rpm)로 쿠블렛을 설치하는 경우, 쿠블렛은 systemd에 의해 관리됩니다. systemd로 관리되는 다른 프로세스들과 마찬가지로 유닛 파일에는 어떤 사용자가 서비스를 실행할지, 어떤 명령줄 옵션이 있는지, 어떻게 서비스 의존성 연결 고리가 정의되어 있는지, 어떤 재시작 정책을 정의할지 적어야 합니다.

```
[Unit]
Description=kubelet: The Kubernetes Node Agent
Documentation=http://kubernetes.io/docs/

[Service]
ExecStart=/usr/bin/kubelet
Restart=always
StartLimitInterval=0
RestartSec=10
```

```
[Install]
WantedBy=multi-user.target
```

> **NOTE_** 커뮤니티에서 제공하는 패키지로 쿠블렛을 설치하지 않더라도 제공된 유닛 파일을 살펴보면 쿠블
> 렛 데몬을 실행하는 일반적인 모범 사례를 이해하는 데 도움이 됩니다. 이러한 유닛 파일은 자주 변경되므로
> 배포 대상과 일치하는 버전으로 확인해봐야 합니다.

쿠블렛의 동작은 유닛 파일을 /etc/systemd/system/kubelet.service.d/ 경로에 추가하
여 제어할 수 있습니다. 이 유닛 파일은 사전적으로 읽혀지며(이름을 적절하게 짓는 게 좋습니
다), 유닛 파일로 패키지가 쿠블렛을 어떻게 구성할지 설정할 수 있습니다. 사용자 환경에서
특정 요구사항(가령, 컨테이너 레지스트리 프록시)가 필요한 경우 이 작업이 필요할 수 있습
니다.

예를 들어 클라우드 공급자에 쿠버네티스를 배포할 때 쿠블렛에 --cloud-provider 파라미터
를 설정해야 합니다.

```
$ cat /etc/systemd/system/kubelet.service.d/09-extra-args.conf
[Service]
Environment="KUBELET_EXTRA_ARGS= --cloud-provider=aws"
```

추가 conf 파일을 포함하여 데몬을 다시 로드한 다음 서비스를 재시작합니다.

```
$ sudo systemctl daemon-reload
$ sudo systemctl restart kubelet
```

대체로 커뮤니티가 제공하는 기본 구성은 일반적으로 적절하고 보통 수정이 필요하지 않습니
다. 위 방식으로 설정하면 커뮤니티 기본값을 활용하면서도 동시에 필요할 때마다 보조적인 수
동 작업을 할 수 있습니다. 쿠블렛과 컨테이너 런타임은 클러스터의 모든 호스트에서 필요합
니다.

6.2 컨트롤 플레인 설치

쿠버네티스에서 워커 노드의 작업을 지시하는 구성 요소를 컨트롤 플레인control plane이라고 합니다. 3장에서 살펴본 것처럼 컨트롤 플레인의 구성 요소는 API 서버, 컨트롤러 관리자, 스케줄러로 이루어져 있습니다. 각 데몬들의 동작이 클러스터의 궁극적인 동작 방식입니다.

또한, 쿠버네티스 구성 요소 외에도 클러스터의 상태를 저장할 장소가 필요합니다. 그 데이터 저장소가 etcd입니다.

다행히도 쿠베어드민은 운영자가 컨트롤 플레인 노드로 위임한 호스트(또는 호스트들)에 이러한 모든 데몬을 설치할 수 있습니다. 쿠베어드민은 우리가 필요로 하는 각각의 데몬을 위한 정적 매니페스트manifest[1]를 생성하여 데몬을 설치합니다.

> **NOTE_** 정적 매니페스트를 사용하면 파드 스펙을 디스크에 직접 쓸 수 있으며 쿠블렛은 시작과 함께 바로 지정된 컨테이너를 시작하려고 합니다. 사실 쿠블렛은 변경 사항을 확인하기 위해 매니페스트 파일을 모니터링하고 특정 변경 사항을 조정하려고 시도합니다. 단, 이러한 파드는 컨트롤 플레인에서 관리하지 않으므로 kubectl 명령줄 인터페이스로 조작할 수 없습니다.

더불어 데몬뿐만 아니라 전송 계층 보안transport layer security(TLS)으로 구성 요소를 보호하고, API와 상호작용할 수 있는 사용자를 만들고, 워커 노드가 클러스터에 참여할 수 있는 기능을 제공해야 합니다. 쿠베어드민이 이 모든 작업을 수행합니다.

가장 간단한 시나리오에서는 다음과 같이 실행 중인 쿠블렛과 기능적인 컨테이너 런타임으로 이미 준비된 노드에서 컨트롤 플레인 구성 요소를 설치할 수 있습니다.

```
$ kubeadm init
```

쿠베어드민이 운영자 대신 실행한 단계에 대한 자세한 설명이 끝나면 출력의 끝부분은 다음과 같이 보일 겁니다.

```
...
Your Kubernetes master has initialized successfully!
```

---

1 옮긴이주_ 매니페스트는 보통 구성 정보나 추가 정보 같은 것을 의미합니다.

```
To start using your cluster, you need to run the following as a regular user:

  mkdir -p $HOME/.kube
  sudo cp -i /etc/kubernetes/admin.conf $HOME/.kube/config
  sudo chown $(id -u):$(id -g) $HOME/.kube/config

You should now deploy a pod network to the cluster.
Run "kubectl apply -f [podnetwork].yaml" with one of the options listed at:
  https://kubernetes.io/docs/concepts/cluster-administration/addons/

You can now join any number of machines by running the following on each node
as root:

  kubeadm join --token 878b76.ddab3219269370b2 10.1.2.15:6443 \
    --discovery-token-ca-cert-hash \
    sha256:312ce807a9e98d544f5a53b36ae3bb95cdcbe50cf8d1294d22ab5521ddb54d68
```

6.2.1 쿠베어드민 설정

kubeadm init은 컨트롤러 노드를 구성하는 가장 간단한 방법이며 쿠베어드민은 모든 종류의 구성을 다룰 수 있습니다. 적지만 다양한 쿠베어드민 명령줄 플래그와 더 많은 쿠베어드민 API를 사용해 가능합니다. 쿠베어드민 API는 다음과 같이 생겼습니다.

```
apiVersion: kubeadm.k8s.io/v1alpha1
kind: MasterConfiguration
api:
  advertiseAddress: <address|string>
  bindPort: <int>
etcd:
  endpoints:
  - <endpoint1|string>
  - <endpoint2|string>
  caFile: <path|string>
  certFile: <path|string>
  keyFile: <path|string>
networking:
  dnsDomain: <string>
  serviceSubnet: <cidr>
```

```
    podSubnet: <cidr>
kubernetesVersion: <string>
cloudProvider: <string>
authorizationModes:
- <authorizationMode1¦string>
- <authorizationMode2¦string>
token: <string>
tokenTTL: <time duration>
selfHosted: <bool>
apiServerExtraArgs:
    <argument>: <value¦string>
    <argument>: <value¦string>
controllerManagerExtraArgs:
    <argument>: <value¦string>
    <argument>: <value¦string>
schedulerExtraArgs:
    <argument>: <value¦string>
    <argument>: <value¦string>
apiServerCertSANs:
- <name1¦string>
- <name2¦string>
certificatesDir: <string>
```

--config 플래그를 쿠베어드민 명령줄에 입력할 수 있습니다. 운영자로서 명시적으로 이 구성 방식을 사용할지와 관계없이 kubeadm init 실행 시 항상 내부적으로 컨트롤 플레인, 컨피그 파일, 인증서 등이 다양하게 생성[2]됩니다. 또한 이 방식은 구성이 완료된 클러스터에 ConfigMap[3]으로 저장됩니다. 이 기능은 두 가지 용도로 사용됩니다. 첫째, 클러스터가 어떻게 구성되었는지 이해해야 하는 사람을 위한 참조 용도와 둘째, 클러스터를 업그레이드할 때 활용하기 위한 용도입니다. 클러스터를 업그레이드할 경우 운영자는 이 ConfigMap의 값을 수정한 다음 kubeadm upgrade를 실행합니다.

> **NOTE_** 쿠베어드민 구성은 표준 kubectl ConfigMap 질의를 통해 액세스할 수도 있으며, 보통 kube-public 네임스페이스의 cluster-info ConfigMap이라고 합니다.

---

2 옮긴이주_ 원문에서는 정확하게 무엇이 생성되는지 밝히지 않았지만, *https://kubernetes.io/docs/reference/setup-tools/kubeadm/kubeadm-init/*를 보면 kubeadm init 실행 시 생성되는 것들을 확인할 수 있습니다.

3 옮긴이주_ 컨피그맵은 컨테이너에 필요한 환경 설정 내용을 컨테이너 내부가 아닌 외부에 분리해주는 기능입니다. 애플리케이션 이미지는 같지만 IP, API Key, 개발과 운용의 로그 디버그 모드 등을 컨피그맵에 별도로 분리할 수 있습니다.

6.2.2 비행 전 사전 점검

비행 전 사전 점검(preflight-checks) 명령을 실행하면 쿠베어드민이 먼저 여러 가지 사전 점검[4]을 실시합니다. 이러한 무결성 검사는 여러분의 시스템이 설치에 적합한지 확인합니다. "쿠블렛이 실행 중입니까?", "스왑이 비활성화되었습니까?", "기본 시스템 유틸리티가 설치되어 있습니까?" 등의 질문이 확인하는 유형입니다. 이러한 기본 조건이 충족되지 않으면 쿠베어드민은 자연스럽게 오류를 표시하며 종료됩니다.

> **NOTE_** 권장하지는 않지만 **--skip-preflight-checks** 명령줄 옵션을 사용하여 비행 전 사전 점검을 회피할 수 있습니다. 이는 고급 관리자만 수행하는 것이 좋습니다.

6.2.3 인증서

비행 전 사전 점검이 모두 완료되면 기본적으로 쿠베어드민은 자체 인증 기관certificate authority(CA)과 키를 생성합니다. 그런 다음 CA를 사용하여 다양한 인증서에 서명합니다. 인증서 중 일부는 API 서버가 사용하는데 인바운드 요청 보호, 사용자 인증, 아웃바운드 요청(즉, API 서버 집합) 생성, API 서버와 모든 다운스트림down stream[5], 쿠블렛 간의 상호 TLS를 위해 쓰입니다. 나머지는 서비스 계정을 보호하는 데 사용됩니다.

이러한 공개 키 인프라public key infrastructure(PKI) 관련 파일은 모두 컨트롤 플레인 노드의 /etc/kubernetes/pki 디렉터리에 있습니다.

```
$ ls -al /etc/kubernetes/pki/
total 56
drwxr-xr-x 2 root root 4096 Mar 15 02:42 .
drwxr-xr-x 4 root root 4096 Mar 15 02:42 ..
-rw-r--r-- 1 root root 1229 Mar 15 02:42 apiserver.crt
-rw------- 1 root root 1675 Mar 15 02:42 apiserver.key
-rw-r--r-- 1 root root 1099 Mar 15 02:42 apiserver-kubelet-client.crt
-rw------- 1 root root 1679 Mar 15 02:42 apiserver-kubelet-client.key
-rw-r--r-- 1 root root 1025 Mar 15 02:42 ca.crt
-rw------- 1 root root 1675 Mar 15 02:42 ca.key
```

---

4 옮긴이주_ 쿠베어드민에는 preflight라는 패키지와 명령이 있으며 kubeadm init 명령 실행 시 가장 먼저 실행되는 단계입니다.

5 옮긴이주_ 다운스트림은 보통 서버에서 클라이언트 쪽 방향을 의미합니다.

```
-rw-r--r-- 1 root root 1025 Mar 15 02:42 front-proxy-ca.crt
-rw------- 1 root root 1675 Mar 15 02:42 front-proxy-ca.key
-rw-r--r-- 1 root root 1050 Mar 15 02:42 front-proxy-client.crt
-rw------- 1 root root 1675 Mar 15 02:42 front-proxy-client.key
-rw------- 1 root root 1675 Mar 15 02:42 sa.key
-rw------- 1 root root  451 Mar 15 02:42 sa.pub
```

> **NOTE_** 기본 CA는 자체 서명이 되어 있으므로 제3자 고객이 클라이언트 인증서를 사용하려고 시도하면
> CA 인증서 체인을 제공해야 합니다. 다행스럽게도 쿠버네티스 사용자는 kubeconfig 파일이 이 데이터를
> 포함할 수 있기 때문에 일반적으로 문제를 겪지 않으며, kubeadm이 자동으로 수행합니다.

자체 서명된 인증서는 매우 편리하지만 때로는 선호하는 방법이 아니기도 합니다. 엄격한 규정
을 준수하도록 요구하는 기업 환경에서는 특히 그렇습니다. 이 경우 사용자는 kubeadm init
을 실행하기 전에 **/etc/kubernetes/pki** 디렉터리에 이러한 파일을 미리 준비할 수 있습니다.
그러면 쿠베어드민은 우선 이미 있는 키와 인증서를 사용하고 난 후에 없는 키와 인증서를 생
성하려고 시도합니다.

6.2.4 etcd

쿠베어드민으로 구성된 쿠버네티스 구성 요소 외에도, 기본적으로 별도로 지정이 없으면 쿠베
어드민은 로컬 etcd 서버 인스턴스를 시작하려고 시도합니다. 이 데몬은 쿠버네티스 구성 요
소(정적 매니페스트)와 동일한 방식으로 시작되며 로컬 호스트 볼륨 연결로 컨트롤 플레인 노
드의 파일 시스템에 데이터를 유지합니다.

> **NOTE_** 집필 시점 현재 kubeadm init은 자체적으로 쿠베어드민에서 관리하는 etcd 서버를 TLS로 보호
> 하지는 않습니다. 이 기본 명령은 하나의 컨트롤 플레인 노드를 구성하기 위한 것이며 일반적으로 개발 목적
> 으로만 사용됩니다.
> 상용 환경에 설치하기 위해 쿠베어드민이 필요한 사용자는 이 장의 앞부분에서 설명한 --config 옵션과 함
> 께 TLS 보안이 적용된 etcd 엔드포인트를 사용해야 합니다.

쉽게 배포할 수 있는 etcd 인스턴스가 있으면 간단한 쿠버네티스 설치 과정에서는 선호되지만,
상용 수준의 배포에서는 적합하지 않습니다. 상용 수준의 배포에서는 운영자가 쿠버네티스를

배포한 곳에 근접하게, 복수 노드이며 가용성이 높은 etcd 클러스터를 배포합니다. etcd 데이터 저장소에는 클러스터의 모든 상태가 포함되므로 주의해서 다루는 것이 중요합니다. 쿠버네티스 구성 요소는 쉽게 교체할 수 있지만 etcd는 아닙니다. 결과적으로 etcd의 구성 요소 생명 주기(설치, 업그레이드, 유지 보수 등)이 상당히 다릅니다. 이러한 이유로 쿠버네티스 상용 클러스터에서는 etcd 클러스터를 별도로 분리하는 것이 좋습니다.

비밀 데이터

etcd에 기록된 모든 데이터는 기본적으로 암호화되지 않습니다. 누군가가 etcd 디스크의 액세스 권한을 얻게 되면 데이터를 즉시 이용할 수 있게 됩니다. 운 좋게도 쿠버네티스가 디스크에 유지하는 대부분의 데이터는 그 성격상 민감하진 않습니다.

단, 예외는 비밀 데이터입니다. 이름이 그러하듯 비밀 데이터는 비밀로 유지되어야 합니다. 비밀 데이터가 etcd에 암호화되어 보관될 수 있도록 관리자는 kube-apiserver에 --experimental-encryption-provider-config 파라미터[6]를 사용해야 합니다. 이 파라미터를 사용해 관리자는 대칭 키를 정의하여 모든 비밀 데이터를 암호화할 수 있습니다.

> NOTE_ --experimental-encryption-provider-config는 실험적인 kube-apiserver 명령줄 파라미터였습니다. 이 파라미터는 변경될 가능성이 있었기에 쿠베어드민은 이 기능에 대한 기본 지원을 제한했습니다. encryption.conf를 모든 컨트롤 플레인 노드의 /etc/kubernetes/pki 디렉터리에 추가하고 kubeadm init 전에 쿠베어드민 마스터컨피그의 apiServerExtraArgs 필드에 이 설정 파라미터를 추가하여 기능을 계속 사용할 수 있습니다.

이 작업은 EncryptionConfig를 사용하여 수행됩니다.

```
$ cat encryption.conf
kind: EncryptionConfig
apiVersion: v1
resources:
  - resources:
    - secrets
    providers:
```

---

6 옮긴이주_ 쿠버네티스 v1.13 릴리스부터는 –encryption-provider-config 가 정식으로 채택되었습니다. 자세한 내용은 다음 문서를 참고하세요. *https://kubernetes.io/docs/tasks/administer-cluster/encrypt-data/*

```
    - identity: {}
    - aescbc:
      keys:
      - name: encryptionkey
        secret: BHk4lSZnaMjPYtEHR/jRmLp+ymazbHirgxBHoJZqU/Y=
```

권장되는 aescbc 암호화 유형의 경우, 비밀 필드는 임의로 생성된 32바이트 키여야 합니다. 이 제 --experimental-encryption-provider-config=/path/to/encryption.conf를 kube-apiserver 명령줄 파라미터에 추가하면 모든 비밀이 암호화되어 etcd에 기록됩니다. 이렇게 하면 중요한 데이터의 유출을 방지하는 데 도움이 될 수 있습니다.

위 설정 파일을 다시 보면 EncryptionConfig에도 resource 필드가 포함되어 있습니다. 이 유스 케이스에서는 Secret만이 우리가 암호화하려는 유일한 리소스이지만 여기에는 모든 리소스 유형이 포함될 수 있습니다. 필요하다면 소속 기관이나 회사의 요구 사항에 따라 사용하기 바랍니다. 다만 데이터를 암호화하면 API 서버의 쓰기 성능에 약간 영향을 미칩니다. 일반적으로 중요한 데이터만 암호화하기를 추천합니다.

이 구성은 여러 암호화 유형을 지원하는데 그중 일부는 특정한 요구 사항에 더 적합할 수도 있습니다. 또한 강력한 보안 정책을 유지하는 데 필요한 키 순환을 지원합니다. 이 실험 기능에 대한 자세한 내용은 쿠버네티스 문서를 참고하시길 바랍니다. *https://kubernetes.io/docs/tasks/administer-cluster/encrypt-data/*

> **NOTE_** 나머지 데이터에 대한 요구 사항은 아키텍처에 따라 달라집니다. 컨트롤 플레인 노드에서 etcd 인스턴스를 동일한 위치에 배치하도록 선택한 경우, 암호화 키가 데이터와 함께 배치되기 때문에 이 기능을 활용하면 필요에 맞지 않을 수 있습니다. 디스크에 액세스 권한이 있는 경우 키를 사용하여 etcd 데이터의 암호화를 해제할 수 있으므로 이러한 리소스를 보호하기 위한 노력이 의미 없어질 수 있습니다. 이것은 쿠버네티스 컨트롤 플레인 노드에서 etcd를 분리하는 또 다른 강력한 이유입니다.

6.2.5 쿠베컨피그

쿠베어드민이 PKI 관련 파일을 만들고 쿠버네티스 구성 요소를 이루는 정적 매니페스트를 구성하는 것 외에도 쿠베어드민은 여러 **쿠베컨피그**kubeconfig 파일을 생성합니다.

쿠베컨피그 파일들은 인증 수단에 사용됩니다. 이 중 대부분은 API에 대해 각 쿠버네티스 서비스를 인증하는 데 사용되며 쿠베어드민은 /etc/kubernetes/admin.conf에 기본 관리자 **쿠베컨피그 파일**도 생성합니다.

> **NOTE_** 쿠베어드민은 클러스터 운영자 인증으로 **쿠베컨피그**를 쉽사리 만들 수 있으므로 많은 사용자는 생성된 쿠베컨피그 증명 수단을 의도된 용도 이상으로 사용하는 경향이 있습니다. 이 쿠베컨피그 증명 수단은 클러스터 부트스트랩[7]에만 사용해야 합니다. 모든 상용 배포는 항상 추가 인증 메커니즘을 구성해야 하며 관련 내용은 7장에서 다룹니다.

6.2.6 테인트

상용 환경에서는 사용자 워크로드를 컨트롤 플레인 구성 요소와 분리하는 것이 좋습니다. 따라서 쿠베어드민은 모든 컨트롤 플레인 노드를 node-role.kubernetes.io/master 테인트로 제어합니다. 이 기능은 파드를 배치할 위치를 결정할 때 오염 요소가 있는 노드들은 무시하도록 스케줄러에 지시합니다.

직접 진행할 때 노드 마스터가 한 개뿐인 상황에서는 노드에서 오염을 제거하여 이 제한을 풀 수 있습니다.

```
kubectl taint nodes <노드 이름> node-role.kubernetes.io/master-
```

6.3 워커 노드 설치

워커 노드는 매우 유사한 설치 메커니즘을 따릅니다. 다시 말하지만 모든 노드에는 컨테이너 런타임과 쿠블렛이 필요합니다. 하지만 워커 노드에는 이 컨테이너 런타임과 쿠블렛 외에도 kube-proxy 데몬이 더 필요합니다. 그리고 쿠베어드민은 다른 컨트롤 플레인 노드와 마찬가지로 다른 정적 매니페스트로 이 프로세스를 시작합니다.

---

7 옮긴이주_ 부트스트랩(bootstrap)은 웹사이트를 쉽게 만들어주는 프레임워크이기도 하지만, 일반적으로 컴퓨터를 켜는 시동이나 부팅의 의미로 자주 사용됩니다.

가장 중요한 점은 이 프로세스가 TLS 부트스트랩을 연달아 수행한다는 것입니다. 쿠베어드민은 API 서버에 공유 토큰 교환 프로세스로 노드를 일시적으로 인증한 다음, 컨트롤 플레인 CA에 인증서 서명 요청(CSR)을 수행하려고 시도합니다. 노드의 자격 증명에 서명된 후에는 이러한 자격 증명이 런타임 시 인증 메커니즘으로 사용됩니다.

복잡해 보이지만 쿠베어드민은 이 프로세스를 매우 단순하게 만듭니다.

```
$ kubeadm join --token <token> --discovery-token-ca-cert-hash <hash> \
    <api endpoint>
```

컨트롤 플레인에서 했던 것만큼 간단하지는 않지만 그래도 꽤 단순한 편입니다. 쿠베어드민을 수동으로 사용할 때는 kubeadm init 명령 후 결과 워커 노드에서 실행해야 하는 정확한 명령어까지 제공합니다.

쿠버네티스 클러스터에 워커 노드가 참여하도록 요청하려면 워커 노드를 어디에 등록해야 할지 <api endpoint> 파라미터 부분에 확실하게 지정해서 입력하면 됩니다. 여기에는 API서버의 IP(또는 도메인 이름)와 포트가 포함됩니다.

개발자는 노드를 참여 시키면서 이 메커니즘으로 작업이 안전한지 확인하고자 합니다. 분명한 것은 검증되지 않은 임의의 워커 노드가 클러스터에 합류하는 것을 바라지 않는다는 것입니다. 마찬가지로 워커 노드도 컨트롤 플레인이 믿을 만한지 검증을 필요로 합니다. 여기에서 --token 및 --discovery-token-ca-cert-hash 파라미터가 작동합니다.

--token 파라미터는 컨트롤 플레인에 미리 정의된 부트스트랩 토큰입니다. 위의 간단한 사용 예시에서 부트스트랩 토큰은 kubeadm init 호출로 자동으로 할당됩니다. 또한 사용자도 즉시 이 부트스트랩 토큰을 다음과 같이 만들 수 있습니다.

```
$ kubeadm token create [--ttl <duration>]
```

이 메커니즘은 새로운 워커 노드를 클러스터에 추가할 때 특히 유용합니다. 간단히 kubeadm token create를 사용하여 부트스트랩 토큰을 정의한 다음 워커 노드에서 kubeadm join 명령으로 해당 새 토큰을 사용하는 것입니다.

--discovery-token-ca-cert-hash는 워커 노드에 컨트롤 플레인의 CA를 검증하는 메커니즘

을 제공합니다. CA의 SHA256 해시값을 미리 공유함으로써 워커 노드는 의도된 컨트롤 플레인에서 받은 자격 증명인지 유효성을 검사할 수 있습니다.

전체 명령어는 다음과 같을 수 있습니다.

```
$ kubeadm join --token 878b76.ddab3219269370b2 10.1.2.15:6443 \
    --discovery-token-ca-cert-hash \
    sha256:312ce807a9e98d544f5a53b36ae3bb95cdcbe50cf8d1294d22ab5521ddb54d68
```

6.4 애드온

컨트롤 플레인을 설치하고 워커 노드를 몇 개 가져오고 나면 다음 단계는 워크로드를 배포하는 것입니다. 다만 그 전에 애드온을 배포해야 합니다.

최소한 컨테이너 네트워크 인터페이스(CNI) 플러그인을 설치해야 하는데 이 플러그인은 **동서** east-west 네트워크라고도 하는 Pod-to-Pod 네트워크 연결을 제공합니다. 각기 고유한 생명 주기를 가지고 있는 수많은 옵션이 있다 보니, 쿠베어드민이 해당 생명 주기를 관리하는 일에는 관여하지 않습니다. 가장 간단한 사례를 예로 들면 CNI 공급자가 정의한 DaemonSet 매니페스트를 적용하는 일입니다.

상용 클러스터에 추가할 수 있는 애드온에는 로그 집계, 모니터링, 서비스 메시 기능이 포함될 수 있습니다. 다시 말하지만 이 기능은 복잡할 수 있기 때문에, 쿠베어드민이 관리하려고 시도하지 않습니다.

쿠베어드민이 관리하는 특별한 애드온은 클러스터 DNS의 특수 애드온입니다. 쿠베어드민은 현재 쿠베 DNS 및 코어 DNS를 지원하며 쿠베 DNS가 기본값입니다. 쿠베어드민의 모든 부분에서와 마찬가지로 이러한 표준 옵션을 미리 선택하고, 원하는 클러스터 DNS 제공자를 설치할 수도 있습니다.

6.5 단계

앞서 언급했듯이 쿠베어드민은 다양한 쿠버네티스 설치 툴의 기초가 됩니다. 쉽게 생각할 수 있겠지만, 설치 보조 툴로 쿠베어드민을 사용하려고 한다면 설치의 일부분을 쿠베어드민이 관리하고 나머지는 편리한 설치 보조 프레임 워크가 처리하도록 할 수 있습니다. 이를 위해 쿠베어드민은 단계phase라는 기능을 지원합니다.

단계 기능으로 사용자는 쿠베어드민을 활용해 설치 과정에서 수행되는 개별 작업을 수행할 수 있습니다. 예를 들어 쿠베어드민이 할 수 있는 PKI 파일 생성하는 작업을 설치 보조 툴로 사용할 수 있습니다. 아니면 모범적인 클러스터 사례들을 반영할 수 있도록 설치 보조 툴이 쿠베어드민의 비행 전 사전 점검 기능을 활용할 수도 있습니다.

6.6 고가용성

책을 주의 깊게 읽으며 따라왔다면, 필자가 고가용성high abailability의 컨트롤 플레인에 대해 언급하지 않았다는 것을 눈치챘을 것입니다. 다소 의도적이었습니다.

쿠베어드민의 범위는 주로 한 번에 하나의 노드 관점에서 바라보기 때문에, 고가용성을 대비한 설치 범용 툴로 발전시키는 것은 상대적으로 복잡합니다. 쿠베어드민이 설치 범용 툴로 여러 가지 일을 하려고 하면, '한 가지 일을 하되 잘하자'라는 유닉스 철학의 경계가 흐려지기 시작할 것입니다.

즉, 쿠베어드민은 고가용성 컨트롤 플레인에 필요한 구성 요소를 제공하는 데 사용될 수 있습니다. 다만, 고가용성 컨트롤 플레인을 만들기 위해 운영자의 몇 가지 정밀한(때로는 미묘한) 작업이 있지만 기본 단계는 다음과 같습니다.

1. 고가용성 etcd 클러스터를 만듭니다.
2. `kubeadm init` 및 1단계에서 생성된 etcd 클러스터를 사용하는 구성으로 기본 컨트롤 플레인 노드를 초기화합니다.
3. PKI 파일을 다른 모든 컨트롤 플레인 노드로 안전하게 전송합니다.
4. 로드 밸런서가 있는 컨트롤 플레인 API 서버를 앞에 둡니다.

5. 로드 밸런스가 된 엔드포인트로 모든 워커 노드를 클러스터에 가입 시킵니다.

> **NOTE_** 만약 이런 상황에서 쿠베어드민을 사용해 상용 수준의 고가용성 클러스터를 설치하려면 「쿠베어드민으로 고가용성 생성하기」를 꼭 참고해야 합니다. 이 웹 문서는 쿠버네티스의 릴리스마다 유지 관리됩니다.
> *https://kubernetes.io/docs/setup/independent/high-availability/*

6.7 업그레이드

다른 서비스나 소스를 사용할 때와 마찬가지로, 언젠가는 쿠버네티스가 제공하는 모든 신규 기능을 활용하고 싶을 때가 올 것입니다. 또한 중요한 보안 업데이트가 필요하다면 가능한 중단 없이 사용할 수 있어야 합니다. 다행히도 쿠버네티스는 운용 중단 시간이 없는 업그레이드를 지원합니다. 여러분이 기본 인프라에 작업하는 동안에도 애플리케이션은 계속 실행됩니다.

클러스터를 업그레이드할 수 있는 방법은 무수히 많지만 릴리스 v1.8부터 사용 가능한 쿠베어드민 유스 케이스에 초점을 맞추어 살펴보겠습니다.

쿠버네티스 클러스터에는 끊임 없이 동작하는 부분이 많이 있기 때문에 업그레이드가 복잡해질 수 있습니다. 쿠베어드민은 쿠블렛, etcd, 쿠버네티스 컨트롤 플레인을 제공하는 컨테이너 이미지에 대해 잘 검증된 버전의 조합을 추적할 수 있기 때문에 이런 업그레이드 작업을 상당히 단순화합니다.

업그레이드를 수행하는 작업 순서는 간단합니다. 먼저 계획을 준비하고 결정한 계획을 적용하면 됩니다.

계획 단계에서 쿠베어드민은 실행 중인 클러스터를 분석하고 가능한 업그레이드 방법을 결정합니다. 가장 간단한 경우에는 마이너 또는 패치 릴리스(예: v1.10.3에서 v1.10.4)로 업그레이드합니다. 완전히 새로운 마이너 릴리스로 업그레이드하는데, 2개(또는 그 이상)의 릴리스로 업그레이드할 때(예: v1.8에서 v1.10)는 좀 더 복잡합니다. 이 경우 원하는 버전이 될 때까지 마이너 버전을 연속해서 업그레이드해야 합니다.

쿠베어드민은 여러 번 비행 전 사전 점검을 수행하여 클러스터가 정상인지 확인한 다음 kube-system 네임스페이스의 kubeadm-config 컨피그맵을 검사합니다. 이 컨피그맵은 쿠베어드민이 사용 가능한 업그레이드 절차를 확인하고 모든 사용자 정의 구성 항목이 잘 전달되도록 지원합니다.

업그레이드와 관련된 많은 작업이 자동으로 발생하지만, 여러분은 쿠블렛과 쿠베어드민 자체가 쿠베어드민으로 관리되지 않는다는 것을 기억할 것입니다. 대신 plan 명령어로 업그레이드를 준비할 때 쿠베어드민은 관리되지 않은 구성 요소도 업그레이드해야 할 필요가 있는지 확인하도록 알려줍니다.

```
root@control1:~# kubeadm upgrade plan
[preflight] Running pre-flight checks.
[upgrade] Making sure the cluster is healthy:
[upgrade/config] Making sure the configuration is correct:
[upgrade/config] Reading configuration from the cluster...
[upgrade/config] FYI: You can look at this config file with
'kubectl -n kube-system get cm kubeadm-config -oyaml'
[upgrade/plan] computing upgrade possibilities
[upgrade] Fetching available versions to upgrade to
[upgrade/versions] Cluster version: v1.9.5
[upgrade/versions] kubeadm version: v1.10.4
[upgrade/versions] Latest stable version: v1.10.4
[upgrade/versions] Latest version in the v1.9 series: v1.9.8

Components that must be upgraded manually after you have upgraded
the control plane with 'kubeadm upgrade apply':
COMPONENT    CURRENT      AVAILABLE
Kubelet      4 x v1.9.3   v1.9.8

Upgrade to the latest version in the v1.9 series:

COMPONENT           CURRENT    AVAILABLE
API Server          v1.9.5     v1.9.8
Controller Manager  v1.9.5     v1.9.8
Scheduler           v1.9.5     v1.9.8
Kube Proxy          v1.9.5     v1.9.8
Kube DNS            1.14.8     1.14.8

You can now apply the upgrade by executing the following command:

        kubeadm upgrade apply v1.9.8

-----------------------------------------------------------------
```

```
Components that must be upgraded manually after you have upgraded
the control plane with 'kubeadm upgrade apply':
COMPONENT              CURRENT       AVAILABLE
Kubelet                4 x v1.9.3    v1.10.4

Upgrade to the latest stable version:

COMPONENT              CURRENT       AVAILABLE
API Server             v1.9.5        v1.10.4
Controller Manager     v1.9.5        v1.10.4
Scheduler              v1.9.5        v1.10.4
Kube Proxy             v1.9.5        v1.10.4
Kube DNS               1.14.8        1.14.8

    You can now apply the upgrade by executing the following command:

        kubeadm upgrade apply v1.10.4
```

시스템 구성 요소는 설치된 방식(일반적으로 OS 패키지 관리자)에 따라 업그레이드해야 합니다.

계획하고 있던 업그레이드 방법을 확정한 후에는 쿠베어드민에서 지정한 순서대로 업그레이드를 시작하면 됩니다. 업그레이드 절차에 여러 릴리스가 있는 경우에는 다음과 같이 각 노드의 릴리스를 수행해야 합니다.

```
root@control1:~# kubeadm upgrade apply v1.10.4
```

다시 한번 강조하지만 클러스터가 여전히 정상인지, 다양한 정적 파드 매니페스트의 백업이 만들어졌는지, 업그레이드가 이루어지는지 확실히 확인하기 위해 비행 전 사전 점검을 수행합니다.

노드 업그레이드 순서는 컨트롤 플레인 노드를 먼저 업그레이드한 다음 각 워커 노드에서 업그레이드를 수행해야 합니다. 컨트롤 플레인 노드는 로드 밸런서와 전면을 마주하는 업스트림의 등록을 해제해야 하고 업그레이드해야 합니다. 전체 컨트롤 플레인을 성공적으로 업그레이드하고 나면, 모든 컨트롤 플레인 노드는 로드밸런서의 업스트림으로 다시 등록해야 합니다. 이 때문에 API를 일시적으로 사용하지 못하는 상황이 초래될 수 있지만 여전히 모든 클라이언트가 일관된 경험을 하도록 보장합니다.

각 워커 노드를 위해 업그레이드를 수행하는 경우 워커는 동시에 업그레이드할 수 있습니다. 파드 스케줄에 사용할 쿠블렛이 없는 경우에는 일정한 시간이 걸릴 수 있다는 점을 유의하시기 바랍니다. 대안으로 워커를 롤링 방식으로 업그레이드할 수도 있습니다. 이렇게 하면 항상 배포할 수 있는 노드는 보장됩니다.

> **NOTE_** 업그레이드 시 워커 노드에서 동시 업그레이드(예: 커널 업그레이드)가 포함되는 경우 kubectl cordon이나 kubectl drain 같은 것을 사용하여 유지 관리 전에 사용자 워크로드가 다시 조정되도록 하는 것이 좋습니다.

6.8 마치며

6장에서는 많은 사례를 활용하여 쿠버네티스를 쉽게 설치하는 방법을 알아보았습니다. 비록 쿠베어드민이 할 수 있는 것에 관해서만 수박 겉 핥기식으로 살펴보았지만 쿠베어드민이 얼마나 다재다능한 툴인지 보여드리고자 했습니다.

지금까지는 사용할 수 있는 여러 배포 툴이 쿠베어드민을 기반으로 하고 있습니다. 쿠베어드민이 어떻게 작동하는지 알면 고차원 툴들이 무엇을 하는지 이해하는 데 도움이 됩니다. 그리고 마음이 내키기만 한다면, 이런 지식을 기반으로 자체 구축 툴을 직접 개발 하는 데에도 도움이 될 것입니다.

CHAPTER 7

인증과 사용자 관리

이제 쿠버네티스 설치를 성공적으로 마쳤으니 사용자 관리에 대해 알아봅시다. 일관된 사용자 관리는 성공적인 구축의 기본입니다. 다른 멀티테넌트 분산 시스템과 마찬가지로 사용자 관리는 쿠버네티스가 궁극적으로 ID를 인증하고, 적절한 접근 수준을 결정하고, 셀프 서비스 기능을 지원하고, 감사 기능을 유지 하는 것들을 기반으로 합니다.

7장과 8장에서는 쿠버네티스의 인증 및 접근 제어 기능을 최대한 활용하는 방법을 알아봅니다. 하지만 이러한 구조가 작동하는 방식을 제대로 이해하려면 먼저 API 요청의 생명 주기를 이해하는 것이 중요합니다.

API 서버에 대한 모든 API 요청은 [그림 7-1]과 같이 연속적인 단계를 성공적으로 넘어간 후에 진행할 수 있습니다. 그 후에 서버가 요청을 받아들이고 동작하게 됩니다. 이 연속적인 단계는 인증authentication, 접근 제어access control, 승인 제어admission control 세 가지 그룹 중 하나로 분류됩니다.

이러한 여러 단계의 복잡성은 쿠버네티스 API 서버를 구성하는 방법에 따라 다르지만 모범 사례는 상용 클러스터에서 이 세 가지를 모두 구현할 것을 요구합니다.

API 요청을 처리하는 처음 두 단계(인증 및 접근 제어)는 사용자에 대해 알고 있는 것에 초점을 둡니다. 이 장에서는 API 서버의 관점에서 사용자가 어떤 사람인지 이해하고 궁극적으로 사용자 리소스를 활용하여 클러스터에 안전한 API 접근 방법을 살펴봅니다.

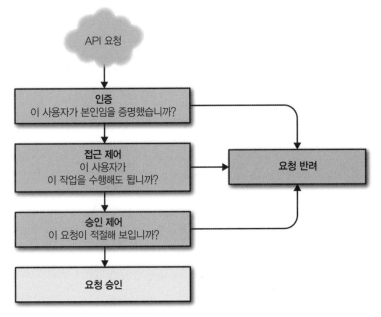

그림 7-1 쿠버네티스 API 요청 절차

7.1 사용자

사용자^user라는 용어는 어떻게 쿠버네티스 API에 연결하고 접근 권한을 얻는지와 관련이 있습니다. 가장 일반적인 경우 사용자는 kubectl 명령줄 인터페이스로 외부 위치에서 쿠버네티스 API에 연결합니다. 그러나 쿠버네티스 API는 클러스터와의 모든 상호작용의 기반이기에 사용자 정의 스크립트, 컨트롤러, 웹 사용자 인터페이스 등 모든 종류의 접근을 위한 제어방식도 API로 연결이 가능합니다. 이런 API 인터페이스 방식은 시작부터 일관되고 안전한 위치를 제공합니다.

지금까지는 사용자를 언급할 때 대문자 'U'를 사용하는 것을 자제해왔습니다.[1] 쿠버네티스를 처음 접한 많은 사람은 API가 제공하는 다양한 리소스 중에서 사용자가 최고 수준의 리소스가

---

[1] 옮긴이주_ 원문에서 다른 쿠버네티스 리소스들은 Pod, Service 등 대문자를 이용해 표현했습니다. 참고로 User의 경우 문맥에 따라 고객, 사용자 등으로 번역했습니다.

아니라는 사실을 알면 놀라곤 합니다. 사용자는 쿠버네티스 API로 직접 관리하지는 않으며 일반적으로 외부 사용자 ID 관리 시스템으로 정의됩니다.

여기에는 타당한 이유가 있습니다. 사용자 관리에 대한 문제를 미리 예방하기 위해서입니다. 쿠버네티스를 배포한 대다수의 조직에서는 아마 어떤 형태로든 사용자 관리 체계가 마련되어 있을 겁니다. 사용자 관리 체계가 기업 차원의 액티브 디렉터리active directory(AD) 클러스터나 일회성 경량 디렉터리 접근 프로토콜lightweight directory access protocol(LDAP) 서버 형태로 제공되든, 사용자를 관리하는 방법은 사용 중인 시스템에 상관없이 조직 전체에서 일관성을 유지해야 합니다. 쿠버네티스는 이러한 기존 시스템을 활용할 수 있는 연결성을 제공하여 기존 설계 구조를 지원하며, 인프라 전반에서 일관되고 효과적인 사용자 관리를 가능하게 합니다.

> **NOTE_** AD나 LDAP가 없다고 해서 쿠버네티스를 사용할 수 없다는 의미는 아닙니다. 다음 절에서 설명하는 것처럼 사용자를 인증하는 데 다른 메커니즘을 활용해도 됩니다.

7.2 인증

쿠버네티스는 API에 여러 가지 인증 방법을 지원합니다. 다른 인증 메커니즘과 마찬가지로 쿠버네티스 인증은 모든 프로그래밍 접근의 첫 번째 문지기 역할을 합니다. 첫 번째 관문에서 문지기의 질문은 "이 사용자는 누구입니까?"와 "이 사용자의 자격 증명이 우리가 기대하는 값과 일치합니까?"입니다. 이 API 절차에서는 사용자의 역할에 따라 인증 요청을 **허락해야 할지** 또는 인증 요청이 기준에 부합하는지 아직 고려하지 않습니다. 이 단계에서 질문은 간단합니다. "이 사람이 진짜 사용자입니까?"

잘 설계된 많은 REST 기반 API와 마찬가지로 쿠버네티스가 사용자를 인증하는 데 사용할 수 있는 여러 전략이 있습니다. 각 전략은 세 가지 주요 그룹으로 나눠볼 수 있습니다.

- 기본 인증
- X.509 클라이언트 인증서
- 베어러 토큰

사용자가 최종적으로 자격 증명을 얻는 방법은 클러스터 운영자가 사용하도록 설정한 ID 제공자identity provider(IdP)에 따라 다르지만 메커니즘은 이러한 광범위한 그룹 중 하나를 준수하게 됩니다. 이러한 메커니즘은 실제 구현한 방법과는 많이 다르지만, 지금부터 (UserInfo 리소스를 통해) 사용자가 믿을 만한지 알아보고, 접근 수준을 확인하는 데 필요한 데이터를 API 서버에 제공하는 방법을 살펴보겠습니다.

7.2.1 기본 인증

기본 인증은 아마도 쿠버네티스 클러스터에서 사용할 수 있는 가장 기본적인 인증 플러그인입니다. 기본 인증은 API 클라이언트(일반적으로 kubectl)가 HTTP 인증 헤더를 사용자 이름과 패스워드의 베이스64[2] 해시 결합으로 설정하는 메커니즘입니다. 베이스64는 해시일 뿐 전송된 자격 증명에 대한 암호화 수준은 제공하지 않으므로 기본 인증은 HTTPS와 함께 사용해야 합니다.

API 서버에서 기본 인증을 구성하려면 관리자는 사용자 이름, 패스워드, 사용자 ID, 사용자를 연결해야하는 그룹 목록을 파일로 제공해야합니다. 형식은 다음과 같습니다.

```
password, username, uid, "group1, group2, group3"
password, username, uid, "group1, group2, group3"
...
```

이러한 형식은 UserInfo 리소스의 필드와 일치합니다.

이 파일은 --basic-auth-file 명령줄 파라미터를 통해 쿠버네티스 API 서버에 제공됩니다. API 서버는 현재 이 파일의 변경 사항을 모니터링하지 않으므로 사용자가 추가, 제거, 업데이트될 때마다 API 서버를 재시작해야 변경 사항이 적용됩니다. 이 제약 조건 때문에 상용 클러스터에는 일반적으로 기본 인증이 권장되지 않습니다. 위 그룹 목록 파일을 상용과 유사한 구성으로 전환할 수 있도록 외부 엔티티(예: 구성 관리 툴)가 관리할 수도 있지만, 경험해보면 이러한 방식으로는 유지할 수 없다는 것을 금방 알 수 있습니다.

반면 이러한 단점을 제외하면 기본 인증은 쿠버네티스 클러스터를 빠르고 간단하게 테스트할 수 있는 훌륭한 툴이 될 수도 있습니다. 조금 더 정교한 인증 구성이 없는 경우 기본 인증으로

---

2 옮긴이주_ 베이스64는 8비트 이진 데이터를 문자 코드에 영향을 받지 않는 공통 ASCII 영역의 문자로 이루어진 문자열로 바꾸는 인코딩 방식을 말합니다(출처: https://ko.wikipedia.org/wiki/베이스64).

관리자는 접근 제어와 같은 기능을 신속하게 테스트할 수 있습니다.

7.2.2 X.509 클라이언트 인증서

대부분의 쿠버네티스 설치 프로그램에서 일반적으로 사용할 수 있는 인증 메커니즘은 X.509 클라이언트 인증서입니다. 그 이유는 여러 가지가 있지만 X.509가 안전하고, 어디서나 흔하고, 비교적 쉽게 생성되기 때문일 것입니다. CA 서명에 대한 접근 권한이 있으면 새 사용자를 손쉽게 만들 수 있습니다.

쿠버네티스를 상용 수준으로 설치하고자 한다면, 사용자가 시작한 요청이 안전하게 전송되는지는 물론 서비스 간 통신도 암호화되어 있는지 확인해야 합니다. X.509 클라이언트 인증서는 이런 경우에 매우 적합합니다. 이와 같은 암호화에 대한 요구 사항이 있다면 사용자를 인증할 때도 사용하는 게 좋을 것입니다.

X.509 인증서 방식은 정확히 몇 개의 설치 툴이 동작하는지 보여줍니다. 예를 들어 커뮤니티에서 지원하는 설치 프로그램인 쿠베어드민은 자체 서명된 루트 CA 인증서를 만든 다음, 이를 서비스 구성 요소에 대한 다양한 인증서와 인증서 구성 요소를 만드는 데 사용하는 관리 인증서에 서명합니다.

모든 사용자에 대한 인증서를 하나로 만드는 방식은 쿠버네티스 내의 사용자를 관리하는 최선의 방법은 아니지만, 작업을 빨리 시작하고 실행하는 데에는 도움이 됩니다. 사용자가 추가로 필요하면, 관리자는 서명 기관의 추가 클라이언트 인증서에 서명하면 됩니다.

> **NOTE_** 쿠베어드민은 사용자가 클러스터를 쉽게 구성할 수 있고 상용 수준의 클러스터도 구축할 있는 툴로 설계되었기 때문에 고난도 구성도 가능합니다. 예를 들어 사용자들이 각자 자신의 CA를 사용하는 환경에서 쿠베어드민을 구성하여 서비스 및 사용자 인증 요구 사항에 대한 인증서에 서명할 수 있습니다.

관리자가 클라이언트 인증서를 만들고 관리하는 데 도움이 되는 다양한 툴이 있습니다. OpenSSL 클라이언트 툴과 `cfssl`이라는 클라우드플레어^{Cloudflare}의 유틸리티(`https://github.com/cloudflare/cfssl`)가 가장 많이 쓰입니다. 이미 이 툴에 익숙하다면 명령줄 옵션이 약간 번거로울 수도 있습니다. `cfssl`의 작업 방식이 이해하기 쉽기 때문에 여기서 예로 들어 다뤄보겠습니다.

자, 일단 이미 CA의 서명이 있다고 가정합니다. 첫 번째 단계는 클라이언트 인증서를 생성하는 데 사용되는 CSR을 만드는 것입니다. 다시 말하지만 사용자 ID를 UserInfo 리소스에 매핑해야 합니다. 이후 서명 요청을 하면 됩니다. 여기에서 공통 이름 CN 부분은 사용자 이름에 매핑되고 모든 조직 필드 O은 사용자가 속한 그룹에 매핑됩니다.

```
cat > joesmith-csr.json <<EOF
{
  "CN": "joesmith",
  "key": {
    "algo": "rsa",
    "size": 2048
  },
  "names": [
    {
      "C": "US",
      "L": "Boston",
      "O": "qa",
      "O": "infrastructure",
      "OU": "Acme Sprockets Company",
      "ST": "MA"
    }
  ]
}
```

이 경우 사용자 "joesmith"는 "qa"및 "infrastructure"의 멤버입니다.

다음과 같이 인증서를 생성할 수 있습니다.

```
cfssl gencert \
  -ca=ca.pem \
  -ca-key=ca-key.pem \
  -config=ca-config.json \
  -profile=kubernetes \
  joesmith-csr.json | cfssljson -bare admin
```

API 서버에서 X.509 클라이언트 인증서 방식으로 인증하려면 --client-ca-file= 값만 지정하면 되므로 작업 자체는 간단하며 이 값은 디스크에 있는 인증서 파일을 가리킵니다.

cfssl이 클라이언트 인증서를 만드는 작업을 단순화하더라도, 이 인증 방법은 여전히 이해하기 어려울 수 있습니다. 또한 기본 인증과 마찬가지로 사용자의 추가, 삭제, 변경이 필요한 경우(예: 새 그룹에 사용자 추가하기) 몇몇 문제도 있습니다. 인증 옵션으로 인증서를 선택하면 관리자는 최소한 인증 관련 절차가 어떤 방식으로든 자동화되도록 해야 하며 일정 시간이 지나면 인증서를 자동으로 갱신하는 절차를 포함해야 합니다.

만약 예상되는 사용자의 수가 매우 적거나 대부분의 사용자가 중개 수단들(예: 지속적인 전달 툴)을 통해 클러스터와 상호작용할 경우 X.509 클라이언트 인증서가 적절한 해결책이 될 수 있습니다. 그러나 만약 사용자 수가 많다면 토큰 기반 옵션들이 좀 더 유연할 것입니다.

7.2.3 OIDC

오픈 ID 연결open ID connect(OIDC)은 OAuth 2.0 위에 구축된 인증 계층입니다. 이 인증 제공자를 사용하면 사용자는 신뢰할 수 있는 ID 제공자와 독립적으로 인증합니다. 이 사용자가 성공적으로 인증하면 인증 제공자는 일련의 웹 요청으로 사용자에게 하나 이상의 토큰을 제공합니다.

> **NOTE_** 이러한 코드와 토큰의 교환은 다소 복잡하고, 쿠버네티스가 사용자를 인증하고 권한을 부여하는 방법과는 관련이 없습니다. 그러므로 우리는 사용자가 이미 인증을 마치고 **id_token**과 **refresh_token**을 모두 가지고 있는 시점부터 출발하겠습니다.

토큰은 RFC 7519 JSON 웹 토큰JSON web token(JWT) 형식으로 사용자에게 제공됩니다. 이 개방형 표준은 여러 당사자 간의 사용자 클레임 표현을 허용합니다. 조금 더 간단하게 말하면 JWT 형식은 사용자가 읽을 수 있는 JSON을 조금 넣어서 사용자 이름, 사용자 ID, 사용자가 속할 수 있는 그룹과 같은 정보를 공유할 수 있습니다. 이러한 토큰은 해시 기반 메시지 인증 코드hash-based message authentication code(HMAC)로 인증되며 암호화되지 않습니다. 다시 말하지만, JWT를 포함한 모든 통신은 TLS로 암호화하는 것이 좋습니다.

일반적인 토큰 페이로드payload는 다음과 같습니다.

```
{
  "iss": "https://auth.example.com",
  "sub": "Ch5hdXRoMHwwMTYzOTgzZTdjN2EyNWQxMDViNjESBWF1N2Q2",
```

```
    "aud": "dDblg7x07dks1uG60p976jC7TjUZDCDz",
    "exp": 1517266346,
    "iat": 1517179946,
    "at_hash": "OjgZQ0vauibNVcXP52CtoQ",
    "username": "user",
    "email": "user@example.com",
    "email_verified": true,
    "groups": [
      "qa",
      "infrastructure"
    ]
  }
```

JSON 문서에서 필드는 **클레임**claims이라고 하며, 사용자의 다양한 속성을 식별할 수 있습니다. 이러한 클레임의 대부분은 표준화되어 있지만(예: iss, iat, exp), ID 제공자는 자체 사용자 정의 클레임을 추가할 수도 있습니다. 다행히 API 서버를 사용하면 이러한 클레임이 UserInfo 리소스에 어떻게 다시 매핑될지 나타낼 수 있습니다.

API 서버에서 OIDC 인증을 사용하려면 명령줄에 --oidc-issuer-url과 --oidc-client-id 파라미터를 추가해야 합니다. 이 둘은 ID 제공자의 URL과 클라이언트 설정의 ID이며, 두 값 모두 ID 제공자가 알려주게 됩니다. 필수 옵션은 아니지만 --oidc-username-claim(기본값: sub) 및 --oidc-group-claim(기본값: groups)은 설정할 수 있는 두 가지 옵션입니다. 이러 한 기본값이 토큰의 구조와 일치하면 좋습니다. 그러나 일치하지 않더라도 각각 ID 제공자의 클레임을 해당 UserInfo 속성에 매핑할 수 있습니다.

> **NOTE_** JWT의 구조를 검사하는 환상적인 툴(*https://jwt.io*)이 있습니다. Auth0에서 만든 이 툴은 내 용을 살펴보기 위해 토큰을 붙여 넣을 수 있을 뿐만 아니라 오픈 소스 JWT 서명과 검증 라이브러리에 대한 자세한 참조도 제공합니다.

이러한 OIDC 인증 유형은 중개자가 관련되어 있다는 점에서 우리가 살펴본 다른 인증 유형과 약간 다릅니다. 기본 인증 및 X.509 클라이언트 인증서를 사용해도 쿠버네티스 API 서버는 인 증에 필요한 모든 단계를 수행할 수 있습니다. [그림 7-2]의 OIDC에서 볼 수 있듯이 최종 사 용자는 상호 신뢰하는 ID 제공자에 대해 인증한 다음, 수신한 토큰을 사용하여 API 서버에 자 신의 ID를 계속 증명합니다. 인증 흐름은 [그림 7-2]와 같습니다.

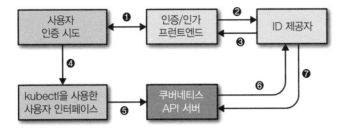

그림 7-2 쿠버네티스 OIDC 흐름

❶ 사용자는 쿠버네티스 API 서버 애플리케이션에 인증하고 인가를 요청합니다.

❷ 인증 프런트엔드는 사용자의 자격 증명을 ID 제공자에게 전달합니다.

❸ ID 제공자가 사용자를 인증할 수 있으면 ID 제공자는 접근 코드를 반환합니다. 반환된 접근 코드는 ID 제공자에게 반환되고[3] ID 토큰 및 (일반적으로) 리프레시 토큰으로 교환됩니다.

❹ 사용자는 이 토큰들을 **쿠베컨피그** 설정에 추가합니다.

❺ **쿠베컨피그 파일에는 OIDC** 인증 정보가 포함되어 있으므로 kubectl은 각 쿠버네티스 API 요청에 베어러 토큰을 삽입하게 됩니다. 토큰이 만료되면 kubectl은 만료된 ID 토큰을 발급자와 교환하여 새로운 ID 토큰을 얻으려고 시도합니다.

❻ 쿠버네티스 API 서버는 토큰 자격 증명을 기반으로 ID 제공자에게 사용자 정보를 요청하여 이 토큰이 합법적인지 확인합니다.

❼ 토큰의 유효성이 확인되면 ID 공급자는 사용자 정보를 반환하고 쿠버네티스 API 서버는 원래 쿠버네티스 API 요청을 계속하도록 허용합니다.

7.2.4 웹훅

경우에 따라 관리자는 이미 베어러 토큰을 생성할 수 있는 시스템에 접근할 수도 있습니다. 사내 시스템이 사용자에게 환경 내의 여러 시스템에 인증하는 데 사용 가능한 수명이 긴 토큰을

---

3 옮긴이주_그림에서 3번 흐름이 하나로만 표시되었는데, 실제로 Open ID 인증 과정에서는 ID 제공자가 접근 코드를 프런트엔드로 반환 후, 스푸핑을 방지하기 위해 프런트엔드가 클라이언트 자격 증명을 포함하여 사용자의 인증 코드를 다시 ID 제공자에 반환합니다. 그러면 ID 제공자가 ID 토큰과 리프레시 토큰을 사용자까지 전달할 수 있도록 프런트엔드에 반환합니다. 이때 리프레시 토큰에는 새 접근 토큰 또는 ID 토큰을 얻는 데 필요한 정보가 들어 있습니다. 자세한 내용은 다음 문서를 참고하세요. *https://auth0.com/docs/tokens/refresh-token/current*

부여하는 시나리오를 상상할 수도 있습니다. OIDC 만큼 정교하지 않을 수도 있고 표준을 준수하지 않을 수도 있지만, 프로그래밍 방식으로 해당 토큰이 진짜인지만 요청할 수 있다면 쿠버네티스는 사용자의 신원을 확인할 수 있습니다.

웹훅 인증을 사용하면 API 서버는 인바운드 요청에 있는 모든 베어러 토큰을 추출한 다음 인증 서비스에 클라이언트 POST 요청을 보냅니다. 이 요청의 본문은 원래의 베어러 토큰과 함께 포함된 JSON 형식의 TokenReview 리소스가 됩니다.

```
{
  "apiVersion": "authentication.k8s.io/v1beta1",
  "kind": "TokenReview",
  "spec": {
    "token": "some-bearer-token-string"
  }
}
```

인증 서비스가 이 토큰을 진짜인지 평가한 후에는 TokenReview를 본문으로 사용하여 자체 응답을 다시 작성해야 합니다. 응답은 간단하게 true인지 false인지만 기록하여 베어러 토큰이 올바른지 아닌지 표시하면 됩니다. 요청이 인증에 실패하면 응답은 다음과 같이 간단합니다.

```
{
  "apiVersion": "authentication.k8s.io/v1beta1",
  "kind": "TokenReview",
  "status": {
    "authenticated": false
  }
}
```

> **NOTE_** 어떤 이유로든 사용자를 인증하는 동안 오류가 발생하면 서비스는 authenticated의 응답값으로 true나 false 대신 error 문자열 필드를 반환할 수도 있습니다.

반대로 인증에 성공하면, 제공자는 포함된 UserInfo 리소스 오브젝트를 사용하여 사용자에 대한 데이터에 최소한으로 응답해야 합니다. 이 오브젝트에는 username, uid, groups에 대한 필드가 있으며 서비스가 전달하고자 하는 extra 데이터 필드도 있습니다.

```
{
  "apiVersion": "authentication.k8s.io/v1beta1",
  "kind": "TokenReview",
  "status": {
    "authenticated": true,
    "user": {
      "username": "janedoe@example.com",
      "uid": "42",
      "groups": [
        "developers",
        "qa"
      ],
      "extra": {
        "extrafield1": [
          "extravalue1",
          "extravalue2"
        ]
      }
    }
  }
}
```

API가 요청을 시작하고 응답을 받으면 API 서버는 인증 서비스가 준 정책에 따라 쿠버네티스 API 요청을 허용하거나 거부합니다.

> **NOTE_** 거의 모든 토큰 기반 인증 메커니즘에서 염두에 두어야 할 점은 토큰을 확인하는 데 종종 추가 요청과 응답이 필요하다는 것입니다. 예를 들어 OIDC 및 웹훅 인증의 경우 ID 제공자가 적시에 응답하지 않으면, 토큰을 인증하기 위한 추가 왕복 메세지가 API 요청의 성능 병목현상이 될 수 있습니다. 그래서 이러한 플러그인을 사용하려면 대기 시간이 짧고 고성능 제공자가 있어야 합니다.

7.2.5 덱스

어떤 서비스가 각자의 유스 케이스에 적합하지 않을 때 어떻게 될까요? 여러분은 일반적으로 사용되는 디렉터리 서비스가 쿠버네티스용으로 기본 지원되는 인증 플러그인 목록에 포함되어 있지 않다는 것을 눈치챘을 수도 있습니다. 예를 들어 현재까지도 액티브 디렉터리, LDAP, 기타 커넥터는 지원되지 않습니다.

물론 이러한 시스템과 연동하는 자체 인증 프록시를 **만들 수도** 있겠지만, 이는 개발, 관리, 유지 보수를 위한 또 다른 인프라가 될 수 있습니다.

OIDC 브로커로 사용될 수 있는 코어 OS 프로젝트인 **덱스**^{dex}(*https://github.com/coreos/dex*)에 들어가 보십시오. 덱스는 다양한 공통 백엔드에 표준을 준수하는 OIDC 프런트엔드를 제공합니다. 경량 디렉터리 액세스 프로토콜(LDAP), 액티브 디렉터리(AD), SQL, SAML뿐만 아니라 깃허브, 깃랩, 링크드인과 같은 서비스로서의 소프트웨어^{software as a service}(SaaS) 공급자에 대한 지원도 있습니다. 쿠버네티스 관리자에게서 다음과 같은 초대를 받을 때 얼마나 기쁠지 상상해 보세요. "링크드인에 있는 내 쿠버네티스 클러스터 전문가 네트워크에 당신을 추가하고 싶습니다"

> **NOTE_** 쿠버네티스 클러스터에서 구성된 인증 메커니즘은 상호 배타적이지 않습니다. 사실 여러 플러그인을 동시에 사용하도록 설정하는 것이 좋습니다.
>
> 예를 들어 관리자는 TLS 클라이언트 인증서와 OIDC 인증을 동시에 구성할 수 있습니다. 여러 메커니즘을 매일 사용하는 것은 적절하지 않지만 고장 난 보조 API 인증 메커니즘을 디버깅해야 할 때 이러한 구성이 유용할 수 있습니다. 이렇게 인증 방식을 두 개로 사용하는 경우에서는 잘 알려진 인증서를 활용하여 고장에 대한 추가 데이터를 수집할 수 있습니다.
>
> 여러 인증 플러그인이 동시에 활성화되어 있는 경우에는 첫 번째 플러그인에서 사용자를 성공적으로 인증하고 나면, 첫 번째 플러그인이 두 번째 인증 절차를 건너뛸 수 있게 만듭니다.

7.3 쿠베컨피그 파일

앞에서 설명한 모든 인증 메커니즘을 가지고 인증 방법에 대한 세부 정보를 기록하는 **쿠베컨피그 파일을** 만들어야 합니다. kubectl은 이 설정 파일로 API 서버에 요청할 위치와 방법을 결정합니다. 이 파일은 일반적으로 홈 디렉터리의 ~/.kube/config 아래에 있지만, --kubeconfig 파라미터를 사용하여 명령줄에 명시적으로 지정하거나 KUBECONFIG 환경 변수를 사용할 수도 있습니다.

쿠베컨피그에 자격 증명을 포함할지는 사용하는 인증 메커니즘과 보안 상태에 따라 달라집니다. 이 설정 파일에 자격 증명을 포함하면 이 파일에 접근할 수 있는 모든 사람이 자격 증명을 사용할 수 있습니다. 만약 쿠베컨피그 파일에 자격 증명이 포함된다면 이 파일이 매우 중요한 패스워드인 것처럼 다루기 바랍니다. 실제로 비슷한 역할을 한다고 봐도 무방하니까요.

쿠베컨피그 파일에 익숙하지 않은 사용자에게는 세 가지 최상위 구조인 users, clusters, contexts를 이해하는 것이 중요합니다. 우리는 users을 사용하여 사용자의 이름을 지정하고 클러스터에 인증할 메커니즘을 제공합니다. clusters 속성은 클러스터에 연결하는 데 필요한 모든 데이터를 제공합니다. 여기에는 최소한 API 서버의 IP 또는 전체 주소 도메인 네임 fully qualified domain name(FQDN)이 포함되지만 자체 서명된 인증서의 CA 번들과 같은 항목도 포함될 수 있습니다. context는 사용자를 한 개 이름의 엔티티로 클러스터와 연결하는 곳입니다. context는 kubectl이 API 서버에 연결하고 인증하는 수단으로 사용됩니다.

모든 클러스터에 대한 모든 자격 증명은 **쿠베컨피그** 설정 파일 한 개만으로도 표현할 수 있습니다. 무엇보다도 특히 이런 자격 증명은 kubectl 명령어를 몇 번 입력하는 것으로 처리할 수도 있습니다.

```
$ export KUBECONFIG=mykubeconfig
$ kubectl config set-credentials cluster-admin --username=admin \
    --password=somepassword
User "cluster-admin" set.
$ kubectl config set-credentials regular-user --username=user \
    --password=someotherpassword
User "regular-user" set.
$ kubectl config set-cluster cluster1 --server=https://10.1.1.3
Cluster "cluster1" set.
$ kubectl config set-cluster cluster2 --server=https://192.168.1.50
Cluster "cluster2" set.
$ kubectl config set-context cluster1-admin --cluster=cluster1 \
    --user=cluster-admin
Context "cluster1-admin" created.
$ kubectl config set-context cluster1-regular --cluster=cluster1 \
    --user=regular-user
Context "cluster1-regular" created.
$ kubectl config set-context cluster2-regular --cluster=cluster2 \
    --user=regular-user
Context "cluster2-regular" created.
$ kubectl config view
apiVersion: v1
clusters:
- cluster:
```

```
      server: https://10.1.1.3
    name: cluster1
  - cluster:
      server: https://192.168.1.50
    name: cluster2
contexts:
- context:
    cluster: cluster1
    user: cluster-admin
  name: cluster1-admin
- context:
    cluster: cluster1
    user: regular-user
  name: cluster1-regular
- context:
    cluster: cluster2
    user: regular-user
  name: cluster2-regular
current-context: ""
kind: Config
preferences: {}
users:
- name: cluster-admin
  user:
    password: somepassword
    username: admin
- name: regular-user
  user:
    password: someotherpassword
    username: user
```

여기서는 사용자 정의 두 개, 클러스터 정의 두 개, 콘텍스트 세 개를 작성했습니다. 이제 kubectl을 하나만 더 추가하면, 추가 명령어 하나로 콘텍스트를 재설정할 수 있습니다.

```
$ kubectl config use-context cluster2-regular
Switched to context "cluster2-regular".
```

따라서 한 클러스터에서 다음 클러스터로 변경하거나, 클러스터와 사용자를 모두 전환하거나, 동일한 클러스터에서 다른 사용자로 전환하는 것이 매우 간단합니다(관리자가 자주 쓸 만한 매우 유용한 기능입니다).

위 사례는 기본 인증을 사용하는 매우 간단한 예시지만 사용자와 클러스터는 모든 종류의 옵션으로 설정할 수 있습니다. 그리고 이러한 구성은 상대적으로 복잡해질 수도 있습니다. 즉, `kubectl config`는 몇 가지 명령어로 간단하게 만들 수 있는 강력한 툴입니다. 각 유스 케이스에 가장 적합한 콘텍스트를 활용하시기 바랍니다.

7.4 서비스 계정

7장에서 지금까지는 사용자가 API로 인증하는 방법에 관해 설명했습니다. 그리고 클러스터 외부의 사용자에게 적용되는 인증에만 집중했습니다. 관리자라면 아마도 콘솔에서 `kubectl` 명령을 실행하거나 웹 인터페이스에서 클릭만으로 실행할 것입니다.

고려해야 할 중요한 유스 케이스가 하나 더 있는데, 이는 파드 내부에서 실행되는 프로세스가 API에 접근하는 방법과 관련됩니다. 처음에는 파드 콘텍스트에서 실행 중인 프로세스가 왜 API 접근을 필요로 하는지 궁금할 수도 있습니다.

쿠버네티스 클러스터는 일련의 컨트롤러로 구성된 상태 관리 시스템입니다. 이 컨트롤러 각각은 사용자가 지정한 리소스의 상태를 조정합니다. 따라서 가장 근본적인 경우에는 만들려는 모든 맞춤형 컨트롤러에 API 접근을 허용해야 합니다. 그러나 컨트롤러에서 쿠버네티스 API에 접근하는 것이 유일한 유스 케이스는 아닙니다. 파드가 자기 자신을 인식하거나 클러스터 전체까지도 인식해야 하는 이유는 셀 수 없이 많습니다.

쿠버네티스가 이런 유스 케이스를 처리하는 방법은 `ServiceAccount` 리소스를 사용하는 것입니다.

```
$ kubectl create sa testsa
$ kubectl get sa testsa -oyaml
apiVersion: v1
kind: ServiceAccount
metadata:
  name: testsa
  namespace: default
secrets:
- name: testsa-token-nr6md
```

ServiceAccounts는 모든 파드 리소스에 대한 네임스페이스 사용자 계정으로 생각할 수 있습니다.

위의 출력에서 ServiceAccount를 만들 때 testsa-token-nr6md라는 시크릿도 자동으로 만들어졌습니다. 앞에서 설명한 최종 사용자 인증과 마찬가지로, 이 토큰은 모든 API 요청에서 베어러 토큰으로 포함됩니다. 이러한 자격 증명은 다양한 쿠버네티스 클라이언트가 접근할 수 있도록 잘 알려진 파드에 탑재됩니다.

```
$ kubectl run busybox --image=busybox -it -- /bin/sh
If you don't see a command prompt, try pressing enter.
/ # ls -al /var/run/secrets/kubernetes.io/serviceaccount
total 4
drwxrwxrwt    3 root    root         140 Feb 11 20:17 .
drwxr-xr-x    3 root    root        4096 Feb 11 20:17 ..
drwxr-xr-x    2 root    root         100 Feb 11 20:17 \
    ..2982_11_02_20_17_08.558803709
lrwxrwxrwx    1 root    root          31 Feb 11 20:17 ..data ->
..2982_11_02_20_17_08.558803709
lrwxrwxrwx    1 root    root          13 Feb 11 20:17 ca.crt -> ..data/ca.crt
lrwxrwxrwx    1 root    root          16 Feb 11 20:17 namespace -> \
    ..data/namespace
lrwxrwxrwx    1 root    root          12 Feb 11 20:17 token -> ..data/token
```

프로세스를 인증하려고 해도 JWT를 다시 사용하고, 최종 사용자 토큰 시나리오에서 보았던 것처럼 클레임을 다시 사용하게 됩니다. API 서버의 목표 중 하나는 이 사용자에 대한 데이터를 UserInfo 리소스에 매핑하는 것이며 이 경우에도 마찬가지입니다.

```
{
  "iss": "kubernetes/serviceaccount",
  "kubernetes.io/serviceaccount/namespace": "default",
  "kubernetes.io/serviceaccount/secret.name": "testsa-token-nr6md",
  "kubernetes.io/serviceaccount/service-account.name": "testsa",
  "kubernetes.io/serviceaccount/service-account.uid":
      "23fe204f-0f66-11e8-85d0-080027da173d",
  "sub": "system:serviceaccount:default:testsa"
}
```

시작된 모든 파드에는 연관된 ServiceAccount가 있습니다.

```
apiVersion: v1
kind: Pod
metadata:
  name: testpod
spec:
  serviceAccountName: testpod-sa
```

파드 매니페스트에 아무것도 지정되지 않은 경우 기본 ServiceAccount가 사용됩니다. 이 기본 ServiceAccount는 네임스페이스 전체에서 사용할 수 있으며 네임스페이스가 있으면 자동으로 만들어집니다.

> **NOTE_** 보안 관점에서는 쿠버네티스 API 접근을 파드에 제공하는 것에 대한 부적절한 시나리오가 많이 있습니다. 파드에 관련된 ServiceAccount가 있는 것을 막을 수는 없지만, 다음 장에서는 이러한 유스 케이스가 어떻게 보호될 수 있는지 살펴보겠습니다.

7.5 마치며

7장에서는 쿠버네티스에서 가장 일반적으로 배포되는 최종 사용자 인증 메커니즘을 알아보았습니다. 이들 중 하나 이상이 여러분의 환경에서 사용하는 데 도움이 되기를 바랍니다. 이외에도 직접 만들 수 있는 몇가지 다른 것들(예: 정적 토큰 파일, 프록시 인증 등)이 있습니다. 아마 이들 중 하나 이상은 여러분의 요구 사항에 거의 부합할 것입니다.

안전하고 확장 가능한 방식으로 사용자에게 미리 상당한 배려를 해야겠지만, 쿠버네티스의 다른 모든 것과 마찬가지로 안전하고 확장 가능한 방식이라고 생각했던 구성도 시간이 지나면서 진화할 수 있습니다. 지금은 주어진 상황에 맞는 솔루션을 사용하되, 미래에는 추가 기능을 원활하게 도입해야 할 수도 있다는 것을 알고 있는 게 좋습니다.

## CHAPTER 8

인가

인증은 쿠버네티스 API 요청의 첫 번째 단계였습니다. 7장에서 소개한 바와 같이 모든 요청에 대해서는 접근 제어와 승인 제어라는 두 가지 추가 테스트가 있습니다. **인증**이 신뢰할 수 있는 사용자만 클러스터에서 변화를 일으킬 수 있도록 하는 중요한 구성 요소라면, 이번 장에서 살펴볼 **인가**authorization는 사용자가 수행할 수 있는 작업에 대한 세부적인 제어를 가능하게 합니다.

사용자의 신원을 확인하고 접근 수준을 결정하는 것 외에도 우리는 모든 요청이 비즈니스 요구 사항을 준수하는지 확인해야 합니다. 모든 조직에는 각자 만들어 놓은 여러 표준이 있습니다. 이러한 정책과 절차는 애플리케이션을 상용 환경으로 가져오는 데 필요한 복잡한 인프라를 이해하는 데 도움이 됩니다. 8장에서는 쿠버네티스가 어드미션 컨트롤러를 사용하여 이를 지원하는 방법을 살펴보겠습니다.

8.1 REST

이미 설명했듯이 쿠버네티스 API는 RESTful API입니다. RESTful API의 장점은 확장성과 이동성 등으로 다양하지만 단순한 구조로 쿠버네티스에서 접근 수준을 결정할 수 있다는 것입니다.

REST^{representational state transfer}에 익숙하지 않다 하더라도 REST의 의미는 간단하게 이해할 수 있습니다. 바로 동사verb를 사용하여 리소스를 조작할 수 있다는 것입니다. 전통적인 언어에서는 누군가에게 '파드를 지워라'라고 요청하려면, 명사인 '파드'와 동사인 '지워라'를 사용합니다. REST API도 같은 방식으로 작동합니다.

이 개념을 설명하기 위해 kubectl이 어떻게 파드에 정보를 요청하는지 자세히 살펴보겠습니다. -v 옵션을 사용하여 로그의 정밀 수준을 높이면 kubectl이 만들고 있는 API 호출을 자세히 볼 수 있습니다.

```
$ kubectl -v=6 get po testpod
I0202 00:28:31.933993    17487 loader.go:357] Config loaded from file
    /home/ubuntu/.kube/config
I0202 00:28:31.994930    17487 round_trippers.go:436] GET
    https://10.0.0.1:6443/api/v1/namespaces/default/pods/testpod 200 OK
```

이 단순한 파드 정보 요청을 보면 kubectl이 pods/testpod 리소스에 대한 GET 요청(앞선 비유로 따지면 동사)을 했음을 알 수 있습니다. 또한 URL 경로에 다른 요소(예: API)와 쿼리하는 네임스페이스(이 경우에는 default)도 있음을 알 수 있습니다. 이러한 요소는 요청에 대한 추가 콘텍스트를 응답해주었지만 일단 위 호출에서는 리소스와 동사가 주인공이라고 이해하는 것만으로도 충분합니다.

REST를 이미 접해본 사용자는 생성, 읽기, 업데이트, 삭제$^{create, read, update, delete}$(CRUD)의 4가지 기본 동사에 익숙할 것입니다. 각각의 작동은 HTTP의 동사 POST, GET, PUT, DELETE에 매핑되며 인터넷에서 일반적으로 볼 수 있는 대부분의 HTTP 요청을 구성합니다.

이 4가지 동사는 쿠버네티스 리소스를 다룰 때 사용하는 동사와 비슷해 보일 수도 있습니다. 만약 그렇게 생각했다면 맞습니다. 파드에 대한 정보를 생성, 삭제, 업데이트, 수집하는 것과 유사합니다. HTTP와 마찬가지로 이 동사 4개는 우리가 쿠버네티스 리소스와 어떻게 상호작용하는지에 대한 가장 기본적인 요소를 구성합니다. 그러나 쿠버네티스의 경우에는 이 동사들에만 국한되지 않습니다. 쿠버네티스 API에는 get, update, delete, patch 외에도 리소스를 처리할 때 동사 list, watch, proxy, redirect, deletecollection에 대한 접근 권한이 있습니다. 이들이 kubectl을 사용할 때 내부적으로 API서버 간에 사용하는 동사입니다.

쿠버네티스의 리소스는 파드, 서비스, 디플로이먼트와 같은 친숙한 구성 요소들이며, 위에서 언급한 동사들로 조작할 수 있습니다.

8.2 인가

사용자가 인증되었다고 해서 모두에게 동일한 접근 권한을 부여해야 한다는 의미는 아닙니다. 예를 들어 웹 개발 팀 구성원이 웹 요청을 처리하는 Deployments를 조작할 수는 있지만, 이러한 Deployments의 컴퓨팅 단위로 사용되는 기본 파드는 조작할 수 없게끔 권한을 부여하고 싶을 수 있습니다. 또는 웹 개발 팀 내에서도 리소스를 만들 수 있는 그룹과 그렇지 않은 그룹이 있을 수 있습니다. 즉, 사용자가 누구인지 어떤 그룹에 속해 있는지에 따라 작업별로 허용을 결정하고자 합니다.

이런 절차를 **인가**라고 하며 쿠버네티스가 모든 API 요청을 테스트하는 것은 다음 단계입니다. 우리는 인가 단계에서 "이 사용자가 다음 작업을 수행하도록 허용하겠습니까?"와 같은 질문을 하게 됩니다.

인증과 마찬가지로 인가도 API 서버의 책임입니다. kube-apiserver 실행 파일에 적절한 --authorization-mode 인수를 사용하여 다양한 권한 부여 모듈을 구현하도록 API 서버를 구성할 수 있습니다.

API 서버는 각 요청을 쉼표로 구분된 --authorization-mode 인수가 적힌 순서대로 권한 부여 모듈에 전달합니다. 각 모듈은 의사 결정 과정에 참여하거나 기권할 수 있습니다. 기권을 하면 API 요청은 평가를 위해 다음 모듈로 넘어갑니다. 그러나 모듈이 결정을 내리는 경우 인가 과정은 멈추고 인가 모듈의 결정을 반영합니다. 모듈이 요청을 거부하면 사용자는 적절한 HTTP 403 (Forbidden) 응답을 수신하고, 요청이 허용되면 API 절차의 최종 단계인 어드미션 컨트롤러 평가로 이동합니다.

현재까지 6개의 인증 모듈[1]이 구성되어 있습니다. 가장 단순하고 가장 직접적인 모듈은 AlwaysAllow와 AlwaysDeny 모듈이며, 이름에서 알 수 있듯이 이 모듈은 각각 요청을 허용하거나 거부합니다. 이 두 모듈은 오직 테스트 환경에만 적합합니다.

Node 인가 모듈은 워커 노드에서 수행된 API 요청에 인가 규칙을 적용합니다. 최종 사용자와 마찬가지로 각 노드의 쿠블렛 프로세스도 다양한 API 요청을 수행합니다. 예를 들어 kubectl get Node를 실행하면 Node 상태를 볼 수 있는데, 이는 쿠블렛이 API 서버에 PATCH 요청과 함

---

1 옮긴이주_ 6개의 모듈에는 AlwaysAllow, AlwaysDeny, ABAC, RBAC, Webhook, Node가 있습니다. 자세한 내용은 다음 문서를 참고하세요.
   https://kubernetes.io/docs/reference/access-authn-authz/authorization/

께 상태를 제공한 덕분입니다.

```
PATCH https://k8s.example.com:6443/api/v1/nodes/node1.example.com/status 200 OK
```

분명히 쿠블렛은 우리 웹 서비스 파드와 같은 리소스에 접근해서는 안됩니다. 이 **Node** 모듈은 쿠블렛이 요청할 수 있는 범위를 기능적인 워커 노드를 유지 관리하는 데 필요한 요청으로 제한합니다.

8.3 역할 기반 접근 제어

쿠버네티스에서 가장 효과적인 사용자 인증 방법은 역할 기반 접근 제어 모듈을 사용하는 것입니다. RBAC는 실행 중에 동적으로 접근 제어 정책을 구현할 수 있습니다.

다른 프레임워크에서 이 유형의 인가에 익숙한 사람들은 지금쯤 고통스러워서 신음하고 있을지도 모릅니다. 일부 프레임워크에서는 RBAC를 너무 복잡하고 난해한 프로세스로 구현해두었기 때문입니다. 접근 수준을 정의하는 게 지루할 때는 세밀한 접근 제어를 제공할 수도 있습니다. 한편 역할 기반 접근 제어의 구성이 정적이거나 유연하지 않으면 사용자 인증 제어가 효과적으로 구현되지 않을 수도 있습니다.[2]

다행히도 쿠버네티스는 RBAC 정책의 정의와 구현을 매우 단순하게 만들어줍니다. 간단히 말해 쿠버네티스는 **UserInfo** 오브젝트의 속성을 사용자가 접근해야 하는 리소스와 동사에 매핑합니다.

8.3.1 롤과 클러스터 롤

RBAC 모듈을 사용하면 리소스에 대한 작업 수행 권한이 **Role**(롤) 또는 **ClusterRole**(클러스터 롤) 리소스 유형으로 정의됩니다. 두 리소스의 차이점에 대해서 하나씩 알아보겠습니다. 먼

---

2 옮긴이주_ RBAC은 한 사람 한 사람의 권한을 각각 부여하지 않고 역할에 권한을 부여합니다. 예를 들어 클러스터 운영자, 사업 파트너, 인턴 사원 등으로 역할을 나누고, 각 역할이 접근할 수 있는 작업의 범위를 설정합니다. 그다음 개인에게 역할을 부여합니다. 조직이 잘 바뀌지 않는 정적 구성이라면 굳이 이렇게까지 할 필요는 없겠지만 일반적인 경우에는 RBAC 인증을 많이 사용합니다.

저 Role 리소스를 살펴보겠습니다. 이전 예제(사용자가 Deployments에 대한 읽기/쓰기 접근 권한을 갖지만 파드에 대해서는 읽기 접근 권한만 갖는)의 구현은 다음과 같을 수 있습니다.

```
kind: Role
apiVersion: rbac.authorization.k8s.io/v1
metadata:
  name: web-rw-deployment
  namespace: some-web-app-ns
rules:
- apiGroups: [""]
  resources: ["pods"]
  verbs: ["get", "list", "watch"]
- apiGroups: ["extensions", "apps"]
  resources: ["deployments"]
  verbs: ["get", "list", "watch", "create", "update", "patch", "delete"]
```

이 Role 구성에서는 파드에 읽기 유형의 작업을 적용하고 Deployments에 대해서는 전체 읽기/쓰기 접근 권한을 허용하는 정책을 만들었습니다. Role은 Deployments의 하위 파드에서 발생하는 모든 변경 사항이 Deployment 수준(예: 롤링 업데이트 또는 확장)에서 적용되도록 합니다.

각 규칙의 apiGroups 필드는 API 서버가 작동해야 하는 API의 네임스페이스를 간단히 나타냅니다(이는 리소스 정의의 apiVersion 필드에 정의된 API 네임스페이스를 반영합니다).

다음 두 필드인 resources와 verbs에서는 앞서 논의한 REST 구조를 접합니다. RBAC의 경우 web-rw-deployment 역할을 가진 사용자에 대해 이러한 유형의 API 요청을 명시적으로 허용합니다. rules은 배열 구조이므로 적절한 수의 권한 조합을 추가할 수 있습니다. 이러한 모든 권한은 부가적입니다. RBAC에서는 작업을 **부여**만 할 수있고 다른 요청은 기본적으로 거부됩니다.

Role과 ClusterRole은 기능 면에서 동일하며 범위만 다릅니다. 위의 예제에서 이 정책은 some-web-app-ns 네임스페이스의 리소스에 바인딩되어 있음을 알 수 있습니다. 즉, 이 정책은 해당 네임스페이스의 리소스에만 적용됩니다.

네임스페이스 전체에 대한 기능을 가진 권한을 부여하려면 ClusterRole 리소스를 사용합니다. 이 리소스는 동일한 방식으로 세분화된 컨트롤을 허용하면서도 클러스터 전체에 적용됩니다.

여러분은 왜 이런 정책을 시행해야 하는지 궁금할 수도 있습니다. ClusterRoles은 보통 클러스터 운영자에게 광범위한 자유를 부여하거나 쿠버네티스 컨트롤러에 매우 특정한 사용 권한만을 부여하고자 하는 두 경우에 사용합니다.

첫 번째 경우는 간단합니다. 우리는 종종 관리자가 문제를 쉽게 디버그할 수 있도록 폭넓은 접근 권한을 부여하고자 합니다. 물론 최종적으로 생성하는 모든 네임스페이스에 일일이 Role 정책을 가지도록 설정할 수도 있지만, ClusterRole에 폭넓은 접근 권한을 부여하는 게 더 편리할 수 있습니다. 다만 권한이 아주 많으므로 이런 구조를 사용할 때는 주의해야 합니다.

두 번째 경우는 다음과 같습니다. 쿠버네티스 컨트롤러는 대부분 네임스페이스를 통해서 리소스를 보고 클러스터 상태를 적절하게 조정하는 데 관심이 있습니다. ClusterRole 정책을 사용하여 컨트롤러가 관심 있는 리소스에만 접근하게 할 수 있습니다.

> **NOTE_** 모든 쿠버네티스 컨트롤러(예: Deployments 또는 StatefulSets)는 동일한 기본 구조를 가집니다. 이들은 쿠버네티스 API에서 변경(추가, 수정, 삭제)을 감시하고 현재 상태에서 사용자가 원하는 상태로 조정하는 상태 시스템입니다.

Service 또는 Ingress 리소스에서 사용자 정의 어노테이션을 기반으로 DNS 레코드를 만드는 시나리오를 생각해봅시다. 컨트롤러는 이러한 리소스를 주시하되 어떤 변경 사항이 있는 경우에는 조치를 취해야 합니다. 이 컨트롤러에 다른 리소스와 부적절한 동사(예: 파드에 DELETE)에 대한 접근 권한을 부여하는 것은 안전하지 않습니다. ClusterRole 정책을 사용하여 다음과 같이 올바른 접근 수준을 제공할 수 있습니다.

```
apiVersion: rbac.authorization.k8s.io/v1
kind: ClusterRole
metadata:
  name: external-dns
rules:
- apiGroups: [""]
  resources: ["services"]
  verbs: ["get", "watch", "list"]
- apiGroups: ["extensions"]
  resources: ["ingresses"]
  verbs: ["get", "watch", "list"]
```

그리고 이는 쿠버네티스의 인큐베이터 프로젝트인 external-dns(*https://github.com/kubernetes-incubator/external-dns*)가 동작하는 방식입니다.

이 ClusterRole 정책을 사용하면 외부 DNS 컨트롤러가 Service 및 Ingress 리소스의 추가, 수정, 삭제를 감시하여 적절하게 조치할 수 있습니다. 가장 중요한 점은 이런 컨트롤러가 API의 다른 측면에 접근할 수 없다는 것입니다.

> **CAUTION_** 사용자에게 RBAC로 접근 권한을 부여할 때는 권한이 주는 **모든** 의미를 잘 이해해야 합니다. 보안 노출을 크게 줄일 수 있도록 항상 필요한 권한만 부여해야 합니다. 또한 일부 권한은 다른 리소스에 암시적이거나 의도하지 않은 권한을 부여할 수 있다는 것을 알아야 합니다. 특히 파드에 **create** 권한을 부여하면, 시크릿과 같이 더 민감한 관련 리소스에 대해 읽기 권한이 실질적으로 부여된다는 것을 알아야 합니다. 시크릿은 파드에 환경 변수로 연결되거나 공개될 수 있기 때문에 파드의 **create** 권한은 파드 소유자가 암호화되지 않은 시크릿을 읽을 수 있게 허용합니다.

8.3.2 롤 바인딩과 클러스터 롤 바인딩

Role이나 ClusterRole은 규칙을 사용하여 타겟팅할 사용자 또는 그룹을 지정하지 않습니다. 사용자나 그룹에 적용되지 않으면 정책만으로는 쓸모가 없습니다. 정책을 사용자, 그룹, ServiceAccount와 연결하려면 RoleBinding(롤 바인딩) 및 ClusterRoleBinding(클러스터 롤 바인딩) 리소스를 사용할 수 있습니다. 여기서 유일한 차이점은 Role이나 ClusterRole을 바인딩 하는지 여부입니다. 그리고 RoleBindings도 네임스페이스입니다.

RoleBinding과 ClusterRoleBinding은 정책을 사용자 및 그룹과 연관시킵니다.

```
kind: RoleBinding
apiVersion: rbac.authorization.k8s.io/v1
metadata:
  name: web-rw-deployment
  namespace: some-web-app-ns
subjects:
- kind: User
  name: "joesmith@example.com"
  apiGroup: rbac.authorization.k8s.io
- kind: Group
```

```
    name: "webdevs"
    apiGroup: rbac.authorization.k8s.io
  roleRef:
    kind: Role
    name: web-rw-deployment
    apiGroup: rbac.authorization.k8s.io
```

이 예에서는 some-web-app-ns 네임스페이스의 web-rw-deployment 역할을 joesmith@ example.com라는 사용자와 webdevs라는 이름의 그룹과 연관시켰습니다.

7장에서 보았듯이 모든 유형의 인증 메커니즘의 목적은 두 가지 입니다. 첫째, 사용자의 자격 증명이 기대와 일치하는지 확인하는 것, 둘째, 인증된 사용자의 정보를 얻는 것입니다. 이 정보 는 적절한 이름의 UserInfo 리소스과 함께 전달됩니다. 여기에서 지정하는 문자열 값은 인증 중에 얻은 사용자 정보를 반영합니다.

인가과 관련해 정책을 적용할 수 있는 세 가지 subject 유형으로 Users, Groups, ServiceAccounts가 있습니다. Users 와 Groups의 경우 각각 UserInfo username 과 groups 필드로 정의됩니다.

> NOTE_ Userinfo username, groups 필드의 값은 각각 문자열과 groups의 문자열 목록이며, 통합에 사용되는 비교는 단순 문자열의 일치입니다. 문자열 값은 사용자가 결정하며 사용자 또는 그룹을 식별하기 위해 인가 시스템에서 제공하는 고유한 문자열 값일 수도 있습니다.

ServiceAccount는 적절한 이름의 ServiceAccount subject 유형으로 명시적으로 지정됩 니다.

```
  ...
  subjects:
  - kind: ServiceAccount
    name: testsa
    namespace: some-web-app-ns
```

ServiceAccounts는 실행 중인 모든 파드 프로세스에 대해 쿠버네티스 API 자격 증명을 제공합 니다. 파드 매니페스트에서 사용할 serviceAccountName을 지정했는지와 관계없이 모든 파드에 는 연결된 ServiceAccount가 있습니다. 방치할 경우 심각한 보안 문제가 발생할 수 있습니다.

이러한 문제는 RBAC 정책으로 상당히 보완할 수 있습니다. RBAC 정책은 **기본적으로 거부**되므로 API 기능이 필요한 모든 파드에는 관련된 세부 RBAC 정책과 함께 자체(또는 공유 가능한) ServiceAccount가 있는 것이 좋습니다. ServiceAccount가 제대로 작동하는 데 필요한 작업과 리소스만 부여하시기 바랍니다.

ClusterRole 외부 DNS 예제를 다시 떠올려봅시다. 컨트롤러 상태 시스템이 파드 콘텍스트에서 쿠버네티스 API에 요청을 보내면 ServiceAccount subject와 함께 ClusterRoleBinding을 사용하여 다음 기능을 사용할 수 있습니다.

```yaml
apiVersion: rbac.authorization.k8s.io/v1beta1
kind: ClusterRoleBinding
metadata:
  name: external-dns-binding
roleRef:
  apiGroup: rbac.authorization.k8s.io
  kind: ClusterRole
  name: external-dns
subjects:
- kind: ServiceAccount
  name: external-dns
  namespace: default
```

8.3.3 테스트 권한 인가

쿠버네티스 클러스터의 사용자, 그룹, 워크로드가 증가하면 복잡성도 커집니다. RBAC는 역할 집합에 권한 인가 정책을 적용하는 간단한 메커니즘이지만 접근 권한을 구현하고 디버깅하는 작업은 때로 어려울 수 있습니다. 다행스럽게도 kubectl은 클러스터의 실제 변경을 수행하지 않고도 정책을 검증할 수 있는 유용한 리소스를 제공합니다.

접근을 테스트하려면 kubectl을 사용하여 확인하려는 사용자의 콘텍스트(또는 확인해야 하는 그룹에 속한 사용자)를 설정하기만 하면 됩니다.

```
$ kubectl use-context admin
$ kubectl auth can-i get pod
yes
```

여기서는 관리자가 default 네임스페이스의 파드 리소스에 GET 접근을 할 수 있음을 알 수 있습니다.

사용자가 클러스터 내에서 어떤 Namespace 리소스도 만들 수 없는 강력하게 제한된 정책을 만든 후에 can-i를 사용하여 정책을 확인해보겠습니다.

```
$ kubectl use-context basic-user
$ kubectl create namespace mynamespace
Error from server (Forbidden): namespaces is forbidden: User "basic-user"
cannot create namespaces at the cluster scope
$ kubectl auth can-i create namespace
no
```

사용자가 namespace mynamespace를 처음 만들 때 Forbidden 오류를 받았습니다.

> **NOTE_** 8장에서는 속성 기반 접근 제어attribute-based access control (**ABAC**) 모듈을 다루지 않습니다. 이 모듈은 의미적으로는 **RBAC** 모듈과 매우 유사합니다. 단, **ABAC** 정책은 각 쿠버네티스 API 서버의 구성 파일로서 정적으로 정의됩니다. 또한 앞서 설명한 다른 파일 기반 구성 항목과 마찬가지로 동적이지 않습니다. 관리자는 정책을 수정할 때마다 kube-apiserver 프로세스를 다시 시작해야 합니다. 이런 측면 때문에 **ABAC** 정책은 더 강력하고 상용 환경에 준비된 **RBAC** 모듈보다 실용적이지 않습니다.

8.4 마치며

8장에서는 쿠버네티스 API의 RESTful 특성과 구조가 정책 집행에 어떻게 도움이 되는지 살펴보았습니다. 인가가 인증과 어떻게 직접적인 관련이 있는지도 비교해서 살펴보았습니다.

인가는 안전한 멀티테넌트 분산 시스템을 배포하는 데 필요한 핵심 구성 요소 중 하나입니다. RBAC는 쿠버네티스는 사용자나 그룹에 매우 특정한 정책을 세밀하면서도 광범위하게 적용할 수 있는 기능을 제공합니다. 그리고 쿠버네티스는 이러한 정책의 정의와 유지 관리를 사소하게 여기기 때문에 가장 기본적인 배치부터 RBAC을 사용하게 됩니다. 이는 행복한 고객, 쿠버네티스 운영자 모두에게 완벽한 첫 걸음입니다.

## CHAPTER 9

승인 제어

4장에서 다뤘듯이 **승인 제어**admission control는 API 요청의 세 번째 단계입니다. 여러분이 API의 수명 주기 요청의 단계에 도달했다면, 요청이 인증된 실제 사용자로부터 온 것이며 사용자가 이 요청을 수행할 수 있는 권한이 있음을 이미 확인했을 것입니다. 이제 우리가 관심을 가져야 하는 것은 들어온 요청이 유효한 요청의 기준에 부합하는지 확인하고, 부합하지 않는 경우에 어떤 조치를 취해야 하는지 아는 것입니다. 요청을 완전히 거부해야 할까요, 아니면 비즈니스 표준을 준수하도록 변경해야 할까요. API 미들웨어middleware 개념이 익숙한 사용자에게는 어드미션 컨트롤러가 기능면에서 API 미들웨어와 매우 유사하게 느껴질 것입니다.

성공적인 배포를 위해 인증과 승인 제어 모두 중요하지만, 여러분이 관리자로서 실제 사용자의 워크로드를 지킬 수[1] 있는 곳은 승인 제어입니다. 승인 제어에서부터 리소스를 제한하고 정책을 적용하며 고급 기능을 사용할 수 있습니다. 승인 제어는 활용도를 높이고 다양한 워크로드에 안정성을 높이며 새로운 기술을 원활하게 통합할 수 있게 도와줍니다.

다행히도 쿠버네티스는 앞서 다룬 인증 및 인가 단계와 마찬가지로 다양한 승인 기능을 즉시 제공합니다. 인증 및 인가 단계는 릴리스별로 크게 달라지지는 않지만 승인 제어는 완전히 다릅니다. 클러스터를 운영하는 방법과 관련해서 사용자가 원하는 기능은 겉으로 보기에는 끝없

---

[1] 옮긴이주_ 필자는 원문에서 wrangle이라는 단어를 사용해 컨테이너를 '지키다'라고 표현했습니다. 이 단어는 보통 '가축을 지키다'라고 할 때 사용하는데, 이는 쿠버네티스에서 컨테이너를 어떻게 생각하는지 보여줍니다. 쿠버네티스 진영에서 컨테이너는 애완동물보다는 가축에 가깝다고 말합니다. 애완동물에게 이름을 지어주고 각자의 개성을 알아봐주는 것처럼, 기존 서버에는 이름이 있었고 운용 환경에서 하나하나를 중요하게 다루었습니다. 하지만 컨테이너는 가축처럼 대량 생성되고, 이름도 짓지 않고 동일하게 설계합니다. 하나의 컨테이너를 폐기하고 새로운 컨테이너를 시작하는 것 또한 전혀 걱정할 필요가 없는 일입니다.

이 많아 보입니다. 그리고 승인 제어는 그 특성상 놀라운 일이 많이 생기는 부분이기 때문에, 구성 요소가 계속 진화하고 있다는 사실은 전혀 새로운 일이 아닙니다.

쿠버네티스의 기본적인 승인 제어에 관해서는 따로 책을 쓸 수도 있을 정도로 내용이 방대합니다. 하지만 이번 장에서는 인기 있는 컨트롤러 몇 가지에 초점을 맞추고 승인 제어를 직접 구현할 수 있는 방법을 살펴보겠습니다.

9.1 설정

승인 제어를 사용하는 것은 매우 간단합니다. 승인 제어는 API 함수이기 때문에 --enable-admission-plugins 플래그를 kube-apiserver 런타임 파라미터에 추가합니다. 이 항목은 다른 설정 항목과 마찬가지로 사용하려는 어드미션 컨트롤러에서 쉼표로 구분된 목록입니다.

> **NOTE_** 쿠버네티스 v1.10 이전에는 어드미션 컨트롤러가 지정되는 순서가 중요했습니다. 하지만 --enable-admissions-plugins 명령줄 파라미터가 도입되면서 이제는 순서가 중요한 상황이 더는 발생하지 않습니다. 쿠버네티스 릴리스 v1.9나 이전 버전에서는 순서에 맞춰서 --admission-control 파라미터를 사용해야 합니다.

9.2 일반 컨트롤러

사용자가 쿠버네티스에서 당연하게 생각하는 기능 중 대부분은 실제로 어드미션 컨트롤러를 통해 이루어집니다. 예를 들어 ServiceAccount 어드미션 컨트롤러는 파드를 ServiceAccount에 자동으로 할당합니다. 마찬가지로 현재 종료 상태에 있는 네임스페이스에 새 리소스를 추가하려고 하면 NamespaceLifecycle 컨트롤러에서 여러분의 요청을 거부했을 수도 있습니다.

쿠버네티스에서 즉시 사용할 수 있는 어드미션 컨트롤러에는 두 가지 중요한 목표가 있습니다. 즉, 사용자가 지정한 값이 없을 때는 정상적인 기본값을 사용하고 사용자가 필요한 것보다 더 많은 기능을 보유하지 못하게 하는 것입니다. 사용자가 수행할 수 있는 대부분의 작업은

RBAC로 제어되지만 어드미션 컨트롤러를 사용하면 관리자는 인가에서 제공하는 단순한 리소스, 작업, 주요 정책 이상으로 확장되는 추가 세분화 정책을 정의할 수 있습니다.

9.2.1 파드 보안 정책

PodSecurityPolicies 컨트롤러는 가장 널리 사용하는 어드미션 컨트롤러 중 하나입니다. 관리자는 이 컨트롤러를 사용하여 쿠버네티스의 통제 하에서 프로세스의 제약 조건을 지정할 수 있습니다. PodSecurityPolicies를 사용하면 관리자는 권한 있는 콘텍스트에서도 파드를 실행할 수 없으며, 파드를 hostNetwork에 바인딩할 수 없고, 특정 사용자로 실행해야 하며, 다양한 보안 중심 속성으로 제한되도록 강제할 수 있습니다.

PodSecurityPolicies가 활성화되면 인가된 정책이 없는 사용자는 새 파드를 실행할 수 없습니다. 정책은 조직의 보안 상태에 따라 허용되거나 제한될 수 있습니다. 여러 사용자가 있는 상용 환경에서는 관리자가 PodSecurityPolicies에서 제공하는 대부분의 정책을 사용해야 합니다. 이는 전체 클러스터 보안을 크게 강화하기 때문입니다.

간단하면서 일반적인 경우를 하나 생각해봅시다. 권한 있는 콘텍스트에서도 파드를 실행하지 못하게 만들고 싶다면 쿠버네티스 API로 다음과 같이 정책을 정의하면 됩니다.

```
apiVersion: policy/v1beta1
kind: PodSecurityPolicy
metadata:
  name: non-privileged
spec:
  privileged: false
```

이 정책을 만들고 API 서버에 적용한 다음 알맞은 파드를 만들려고 하면 사용자나 ServiceAccount가 정책을 사용할 수 있는 권한이 없기 때문에 요청이 거부됩니다. 이 문제를 해결하려면 RBAC 역할 유형 중에서 PodSecurityPolicy를 사용할 수 있게 역할을 지정하면 됩니다.

```
kind: Role
apiVersion: rbac.authorization.k8s.io/v1
metadata:
```

```
    name: non-privileged-user
    namespace: user-namespace
rules:
- apiGroups: ['policy']
  resources: ['podsecuritypolicies']
  verbs:    ['use']
  resources:
  - non-privileged
```

그리고 이 역할에 대한 RoleBinding은 다음과 같습니다.

```
kind: RoleBinding
apiVersion: rbac.authorization.k8s.io/v1
metadata:
  name: non-privileged-user
  namespace: user-namespace
roleRef:
  kind: Role
  name: non-privileged-user
  apiGroup: rbac.authorization.k8s.io
subjects:
- kind: ServiceAccount
  name: some-service-account
  namespace: user-namespace
```

사용자가 PodSecurityPolicy를 사용할 수 있는 권한이 인가되면 정의된 정책을 준수하는 한 파드를 선언할 수 있습니다.

> **NOTE_** PodSecurityPolicy는 API 요청 단계 중에 정책을 적용하는 어드미션 컨트롤러로 구현되므로 PodSecurityPolicy를 사용하도록 설정하기 전에 스케줄링된 파드는 더는 적합하지 않을 수 있습니다. 해당 파드를 다시 시작하면 스케줄링을 할 수 없으므로 이점에 유의하시기 바랍니다. 설치할 때 PodSecurityPolicy 어드미션 컨트롤러를 사용하도록 설정하는 것이 가장 이상적입니다.

9.2.2 리소스 쿼터

일반적으로 클러스터에 **쿼터**quota을 적용하는 것이 좋습니다. 쿼터는 사용자가 할당된 것보다 더 많이 사용할 수 없게 하며, 전체 클러스터 사용률을 높이는 중요한 구성 요소입니다. 사용자 쿼터를 적용하려면 ResourceQuota(리소스 쿼터) 컨트롤러도 활성화해야 합니다.

이 컨트롤러는 새로 선언된 어떤 파드든 주어진 네임스페이스의 현재 쿼터 사용률과 비교하여 먼저 평가되도록 합니다. 워크로드가 실행되는 동안 이 검사를 수행함으로써 사용자에게 해당 파드가 쿼터에 맞거나 맞지 않을 것이라는 것을 즉각 알려줍니다. 네임스페이스에 대한 쿼터가 정의되면, Deployments와 ReplicaSets와 같은 다른 리소스에서 생성된 경우를 포함하여 모든 파드의 정의에 리소스 요청과 제한이 지정되어야 한다는 점에 유의하시기 바랍니다.

계속 확장되는 리소스 목록에 쿼터가 만들어질 수 있지만, 가장 일반적인 리소스에는 CPU, 메모리, 볼륨이 포함됩니다. 또한 Namespace 내의 고유한 쿠버네티스 리소스(예: 파드, 디플로이먼트, 잡 등)에 쿼터를 지정할 수도 있습니다.

쿼터 설정은 간단합니다.

```
$ cat quota.yml
apiVersion: v1
kind: ResourceQuota
metadata:
  name: memoryquota
  namespace: memoryexample
spec:
  hard:
    requests.memory: 256Mi
    limits.memory: 512Mi
```

이제 제한을 초과하려고 하면, 한 개 파드만 시도해도 ResourceQuota 어드미션 컨트롤러가 요청을 즉시 거부합니다.

```
$ cat pod.yml
apiVersion: v1
kind: Pod
metadata:
  name: nginx
  namespace: memoryexample
  labels:
    app: nginx
spec:
```

```
    containers:
    - name: nginx
      image: nginx
      ports:
      - containerPort: 80
      resources:
        limits:
          memory: 1Gi
        requests:
          memory: 512Mi
$ kubectl apply -f pod.yml
Error from server (Forbidden): error when creating "pod.yml": pods "nginx" is
forbidden: exceeded quota: memoryquota, requested:
limits.memory=1Gi,requests.memory=512Mi, used: limits.memory=0,requests.memory=0,
limited: limits.memory=512Mi,requests.memory=256Mi
```

다음은 약간 덜 명확하지만 Deployments와 같이 상위 개념의 리소스로 만들어진 파드의 경우에도 마찬가지입니다.

```
$ cat deployment.yml
apiVersion: apps/v1
kind: Deployment
metadata:
  name: nginx-deployment
  namespace: memoryexample
  labels:
    app: nginx
spec:
  replicas: 3
  selector:
    matchLabels:
        app: nginx
  template:
    metadata:
      labels:
          app: nginx
    spec:
      containers:
      - name: nginx
        image: nginx
        ports:
        - containerPort: 80
```

```
        resources:
          limits:
            memory: 256Mi
          requests:
            memory: 128Mi
$ kubectl apply -f deployment.yml
deployment.apps "nginx-deployment" configured
$ kubectl get po -n memoryexample
NAME                            READY     STATUS     RESTARTS     AGE
nginx-deployment-55dd98c6c8-9xmjn   1/1   Running    0            25s
nginx-deployment-55dd98c6c8-hc2pf   1/1   Running    0            24s
```

레플리카를 세 개 지정했지만 쿼터에 따라 두 개만 충족할 수도 있습니다. 결과 ReplicaSet을 describe하면 실패한 이유를 알 수 있습니다.

```
Warning  FailedCreate      3s (x4 over 3s)  replicaset-controller
(combined from similar events): Error creating: pods
"nginx-deployment-55dd98c6c8-tkrtz" is forbidden: exceeded quota:
memoryquota, requested: limits.memory=256Mi,requests.memory=128Mi,
used: limits.memory=512Mi,requests.memory=256Mi, limited:
limits.memory=512Mi,requests.memory=256Mi
```

위 오류는 ResourceQuota 어드미션 컨트롤러에서 비롯된 것이지만 이번에는 오류가 약간 숨겨져 있는데, 이는 Deployment의 ReplicaSet(파드 작성자)으로 반환되기 때문입니다.

자, 이제 쿼터가 효과적으로 자원을 관리하는 데 도움이 된다는 것이 확실해지고 있습니다.

9.2.3 상한 범위

ResourceQuota를 보완하기 위해서 Namespace에 LimitRange 정책을 정의한 경우 LimitRange 어드미션 컨트롤러가 필요합니다. LimitRange는 간단히 말해 특정 Namespace의 멤버인 파드에 기본 리소스 상한을 설정할 수 있는 방법입니다.

```
apiVersion: v1
kind: LimitRange
metadata:
  name: default-mem
```

```
spec:
  limits:
  - default:
      memory: 1024Mi
    defaultRequest:
      memory: 512Mi
    type: Container
```

이 기능은 쿼터가 정의된 시나리오에서 중요합니다. 쿼터를 사용하면 파드에 리소스 상한을 정의하지 않은 사용자의 요청이 거부됩니다. 반면에 LimitRange 어드미션 컨트롤러를 사용하면 리소스 상한이 정의되지 않은 파드는 관리자가 정의한 기본값으로 지정되고 이후 파드는 승인됩니다.

9.3 동적 어드미션 컨트롤러

지금까지는 쿠버네티스 자체에서 사용 가능한 어드미션 컨트롤러에 중점을 두었습니다. 그러나 기본 기능이 제대로 작동하지 않는 경우도 있습니다. 이런 경우에는 비즈니스 목표를 달성하는 데 도움이 되는 추가 기능을 개발해야 합니다. 다행히도 쿠버네티스는 다양한 확장을 지원하며 어드미션 컨트롤러에도 확장 기능이 있습니다.

동적 승인 제어는 사용자 정의 비즈니스 로직을 승인 제어 파이프라인에 넣는 메커니즘입니다. 동적 승인 제어에는 검증^{validating}과 변형^{mutating}이라는 두 가지 유형이 있습니다.

승인 제어 검증에서 비즈니스 로직은 요구 사항에 따라 사용자 요청을 수락하거나 거부할 수 있습니다. 실패하면 적절한 HTTP 상태 코드와 실패 원인이 사용자에게 반환됩니다. 이때 최종 사용자에게 일치하는 리소스 규격을 선언하도록 지시해야 합니다. 그렇지 않으면 나중에 후회할 일이 생길 수도 있습니다.

어드미션 컨트롤러 변형의 경우에는 API 서버에 대한 요청을 다시 평가하기도 하지만, 이때는 목표를 달성하기 위해서 선언을 선택적으로 변형합니다. 쉬운 경우에는 리소스에 잘 알려진 레이블을 적용하는 것처럼 간단할 수 있습니다. 조금 더 정교한 경우에는 사이드카 컨테이너를 자연스럽게 넣을 수도 있습니다. 어드미션 컨트롤러 변형의 경우 최종 사용자의 부담을 어드미션 컨트롤러가 상당 부분 떠안고 있지만, 이런 작업들이 사용자 뒤에서 일어나고 있음을 발견할 때 가끔은 약간 혼란스러울 수도 있습니다. 즉, 이 기능은 잘 문서화되기만 한다면 고급 아키텍처 구현를 구현할 때 중요한 역할을 할 수 있습니다.

두 경우 모두 사용자 정의 웹훅을 사용하여 구현됩니다. API서버는 적절한 요청이 있을 때 이러한 다운 스트림 웹훅을 호출합니다. 다음 예에서도 보겠지만 사용자는 RBAC 정책을 정의하는 방식과 비슷한 방법으로 요청을 제한할 수 있습니다. API 서버는 이러한 웹훅에 `AdmissionReview` 오브젝트를 POST합니다. 이 요청의 본문에는 원래의 요청, 오브젝트의 상태, 요청한 사용자에 대한 메타데이터가 포함됩니다.

결과적으로 웹훅은 간단한 `AdmissionResponse` 오브젝트를 제공합니다. 이 오브젝트에는 요청이 허용되는지, 오류의 원인과 코드, 변형 패치의 내용에 대한 필드가 포함됩니다.

동적 어드미션 컨트롤러를 사용하려면 먼저 `--enable-admission-plugins` 파라미터를 변경하여 API 서버를 설정해야 합니다.

```
--enable-admissions-plugins = ...,MutatingAdmissionWebhook, \
    ValidatingAdmissionWebhook
```

> **NOTE_** 동적 승인 제어는 매우 강력하지만 수명 주기에서는 아직 초기 성숙 단계에 있습니다. 이 기능들은 v1.8 릴리스에서 알파였고 v1.9 릴리스에서는 베타였습니다. 다른 새로운 기능과 마찬가지로 이런 확장 포인트에 대한 추가 권장 사항들은 쿠버네티스 문서(*https://kubernetes.io/ko/docs/home*)를 참고하시기 바랍니다.

9.3.1 어드미션 컨트롤러 검증

이전 예제를 다시 들여다보면서 자체적인 검증 어드미션 컨트롤러를 구현하는 방법을 살펴보겠습니다. 컨트롤러는 모든 파드 **CREATE** 요청을 검증하여 각 파드에 environment 레이블이 있고 레이블의 값이 dev 인지 prod인지 확인합니다.

원하는 언어로 동적 어드미션 컨트롤러를 작성할 수 있다는 것을 보여주기 위해 다음 예제에서는 파이썬 플라스크 애플리케이션을 사용해보겠습니다.

```python
import json
import os

from flask import jsonify, Flask, request

app = Flask(__name__)

@app.route('/', methods=['POST'])
def validation():
    review = request.get_json()
    app.logger.info('Validating AdmissionReview request: %s',
                    json.dumps(review, indent=4))

    labels = review['request']['object']['metadata']['labels']
    response = {}
    msg = None
    if 'environment' not in list(labels):
        msg = "Every Pod requires an 'environment' label."
        response['allowed'] = False
    elif labels['environment'] not in ('dev', 'prod',):
        msg = "'environment' label must be one of 'dev' or 'prod'"
        response['allowed'] = False
    else:
        response['allowed'] = True

    status = {
        'metadata': {},
        'message': msg
    }
    response['status'] = status

    review['response'] = response
    return jsonify(review), 200

context = (
    os.environ.get('WEBHOOK_CERT', '/tls/webhook.crt'),
    os.environ.get('WEBHOOK_KEY', '/tls/webhook.key'),
)
app.run(host='0.0.0.0', port='443', debug=True, ssl_context=context)
```

이 애플리케이션을 ClusterIP 서비스 내부에서 사용할 수 있도록 컨테이너화하겠습니다.

```
---
apiVersion: v1
kind: Pod
metadata:
  name: label-validation
  namespace: infrastructure
  labels:
    controller: label-validator
spec:
  containers:
  - name: label-validator
    image: label-validator:latest
    volumeMounts:
    - mountPath: /tls
      name: tls
  volumes:
  - name: tls
    secret:
      secretName: admission-tls
---
kind: Service
apiVersion: v1
metadata:
  name: label-validation
  namespace: infrastructure
spec:
  selector:
    controller: label-validator
  ports:
  - protocol: TCP
    port: 443
```

위의 경우 웹훅은 클러스터에 호스팅됩니다. 단순한 구조를 위해 독립적인 파드를 사용했지만 Deployment처럼 조금 더 견고하게 배치해도 좋습니다. 그런 후에 웹 서비스들과 마찬가지로 TLS로 보안을 유지하면 됩니다.

이 Service를 이용할 수 있게 되면 API 서버가 웹훅을 호출하도록 지시해야 합니다. 웹훅 호출은 우리가 어떤 리소스와 운영에 관심이 있는지 나타내며, API 서버는 이 자격을 충족하는 요청이 있을 때만 웹훅을 호출합니다.

```yaml
apiVersion: admissionregistration.k8s.io/v1beta1
kind: ValidatingWebhookConfiguration
metadata:
  name: label-validation
webhooks:
- name: admission.example.com
  rules:
  - apiGroups:
    - ""
    apiVersions:
    - v1
    operations:
    - CREATE
    resources:
    - pods
  clientConfig:
    service:
      namespace: infrastructure
      name: label-validation
    caBundle: <base64 encoded bundle>
```

ValidatingWebhookConfiguration을 사용하면 정책이 예상대로 동작하는지 확인할 수 있습니다. environment 라벨이 없는 파드를 적용하면 결과는 다음과 같습니다.

```
# kubectl apply -f pod.yaml
Error from server: error when creating "pod.yaml": admission webhook
"admission.example.com" denied the request: Every Pod requires an 'environment'
label.
```

유사하게 environment=staging 라벨을 포함하여 적용하면 다음과 같습니다.

```
# kubectl apply -f pod.yaml
Error from server: error when creating "pod.yaml": admission webhook
"admission.example.com" denied the request: 'environment' label must be one of
'dev' or 'prod'
```

규격에 맞춰서 environment 라벨을 추가할 때만 새 파드를 성공적으로 만들 수 있습니다.

9.3.2 어드미션 컨트롤러 변형

앞의 예제를 수정해보면 변형된 웹훅을 쉽게 개발할 수 있습니다. 다시 한번 변형한 웹훅을 사용하여 사용자를 위해 리소스 정의를 알기 쉽게 변경하도록 시도해보겠습니다.

예제에서는 프록시 사이드카 컨테이너를 삽입해보겠습니다. 사이드카는 단순히 도와주는 nginx 프로세스에 불과하지만 리소스의 모든 부분을 수정할 수 있습니다.

새로운 웹훅은 다음과 같습니다.

```
import base64
import json
import os

from flask import jsonify, Flask, request

app = Flask(__name__)

@app.route("/", methods=["POST"])
def mutation():
    review = request.get_json()
    app.logger.info("Mutating AdmissionReview request: %s",
                    json.dumps(review, indent=4))

    response = {}
    patch = [{
        'op': 'add',
        'path': '/spec/containers/0',
        'value': {
```

```
                'image': 'nginx',
                'name': 'proxy-sidecar',
            }
        }]
        response['allowed'] = True
        response['patch'] = base64.b64encode(json.dumps(patch))
        response['patchType'] = 'application/json-patch+json'

        review['response'] = response
        return jsonify(review), 200

context = (
    os.environ.get("WEBHOOK_CERT", "/tls/webhook.crt"),
    os.environ.get("WEBHOOK_KEY", "/tls/webhook.key"),
)
app.run(host='0.0.0.0', port='443', debug=True, ssl_context=context)
```

여기에서는 JSON Patch 구문을 사용하여 proxy-sidecar를 파드에 추가했습니다.

검증한 웹훅과 마찬가지로 애플리케이션을 컨테이너화한 다음 요청을 웹훅으로 전달하도록 API 서버를 동적으로 구성합니다. 유일한 차이점은 MutatingWebhookConfiguration을 사용하며 자연스럽게 내부 ClusterIP 서비스를 가리킨다는 것입니다.

```
apiVersion: admissionregistration.k8s.io/v1beta1
kind: MutatingWebhookConfiguration
metadata:
  name: pod-mutation
webhooks:
- name: admission.example.com
  rules:
  - apiGroups:
    - ""
    apiVersions:
    - v1
    operations:
    - CREATE
    resources:
    - pods
  clientConfig:
    service:
      namespace: infrastructure
```

```
      name: pod-mutator
      caBundle: <base64 encoded bundle>
```

이제는 아주 단순한 컨테이너 파드 한 개만 적용해봐도 더 많이 얻을 수 있습니다.

```
# cat pod.yaml
---
apiVersion: v1
kind: Pod
metadata:
  name: testpod
  labels:
    app: testpod
    environment: prod
#staging
spec:
  containers:
  - name: busybox
    image: busybox
    command: ['/bin/sleep', '3600']
```

파드는 busybox 컨테이너만 선언했을 뿐이지만 실제 런타임에는 두 개의 컨테이너가 있습니다.

```
# kubectl get pod testpod
NAME        READY      STATUS      RESTARTS     AGE
testpod     2/2        Running     0            1m
```

그리고 더 자세히 확인해보면 사이드카가 제대로 추가된 것을 볼 수 있습니다.

```
...
spec:
  containers:
  - image: nginx
    imagePullPolicy: Always
    name: proxy-sidecar
    resources: {}
    terminationMessagePath: /dev/termination-log
    terminationMessagePolicy: File
  - command:
    - /bin/sleep
```

```
      - "3600"
    image: busybox
  ...
```

변형하는 웹훅을 사용하면 사용자의 선언을 표준화할 수 있는 매우 강력한 툴이 됩니다. 다만 이 방법은 신중하게 사용하기 바랍니다.

9.4 마치며

승인 제어는 클러스터의 상태를 정리하는 또 다른 툴입니다. 이 기능은 끊임없이 진화하고 있기 때문에, 신규 쿠버네티스 릴리스의 새로운 기능을 확인하여 시스템을 보호하고 사용률을 높이는 데 도움이 되는 컨트롤러를 만드는 것이 좋습니다. 그리고 때로는 직접 구현하는 것을 두려워하지 말고 각자의 상황에 가장 적합한 로직을 만들어보기 바랍니다.

## CHAPTER 10

네트워킹

모든 분산 시스템과 마찬가지로 쿠버네티스는 외부 사용자를 노출된 워크로드에 연결하는 것
뿐만 아니라 서비스 간의 연결을 제공하기 위해 네트워크를 사용합니다.

기존 애플리케이션 아키텍처에서 네트워킹을 관리하는 것은 항상 어려웠습니다. 많은 조직에
서는 업무가 분리되어 있기 때문에, 애플리케이션 제작은 개발자가 하고 운영은 운영자가 맡아
야 했습니다. 애플리케이션을 업데이트할 때 네트워킹 인프라에서 필요한 사항은 그때그때 땜
질하는 경우가 많았습니다. 애플리케이션 자체가 단순히 작동하지 않아서 운영자가 쉽게 고장
을 복구할 수 있으면 가장 다행이지만, 최악의 경우에는 네트워크 보안과 같은 영역에서 상당
한 문제가 발생할 수도 있습니다.

쿠버네티스를 사용하면 개발자는 애플리케이션 배포 매니페스트와 함께 네트워크 리소스와 정
책을 정의할 수 있습니다. 클러스터 운영자가 리소스와 정책을 충분히 정의할 수 있으며, 일반
적인 추상화 계층을 사용하여 여러 가지 최상의 기술과 함께 활용할 수 있습니다. 개발자를 네
트워크와 관련된 기본적인 작업에서 제외하고 인프라 관점의 요구 사항을 애플리케이션 요구
사항과 연결함으로써, 개발자가 일관성 있고 안전한 방식으로 애플리케이션을 제공하도록 보
장할 수 있습니다.

10.1 컨테이너 네트워크 인터페이스

컨테이너 워크로드로 사용자를 연결하는 방법에 대해 설명하기 전에, 파드가 다른 파드와 통신하는 방법을 이해해야 합니다. 특정 파드와 통신할 다른 파드는 동일한 노드에 배치될 수도 있고, 동일한 서브넷의 노드에 배치될 수도 있고, 심지어는 다른 데이터 센터에 있는 다른 서브넷의 노드에도 배치 될 수 있습니다. [그림 10-1]에서 볼 수 있듯이 네트워크 구성 방식과 관계없이 파드를 원활하고 라우팅 가능한 방식으로 연결하는 것을 목표로 합니다.

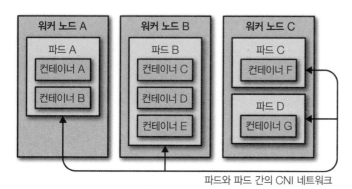

그림 10-1 CNI 네트워킹

쿠버네티스는 CNI 규격을 사용하여 네트워크와 연결됩니다. 개방형 표준의 목적은 컨테이너 오케스트레이션 플랫폼이 컨테이너를 기본 네트워크와 연결하는 방법을 표준화하고 플러그형 방식으로 연결하는 것입니다. 자체적인 아키텍처와 기능을 갖춘 수십 개의 솔루션이 있습니다. 대부분은 오픈 소스 솔루션이지만 클라우드 기반 생태계 내 여러 공급 업체가 제공하는 독점 솔루션도 있습니다. 그렇기 때문에 여러분이 클러스터를 배포하는 환경에 상관없이 사용자의 요구를 충족시키기 위해서는 확실한 네트워크 플러그인이 있어야 합니다.

쿠버네티스 내의 네트워킹 방식에는 여러 가지가 있지만 CNI의 역할은 단순히 파드 간 연결을 용이하게 만드는 것입니다. 이 방식은 비교적 간단합니다. 컨테이너 런타임(예: 도커)은 CNI 플러그인 실행 파일(예: 칼리코Calico[1])을 호출하여 컨테이너의 네트워킹 Namespace에 인터페

---

1 옮긴이주_ 칼리코는 클라우드 기본 애플리케이션 연결 및 정책을 지원하는 오픈 소스 프로젝트입니다. 쿠버네티스뿐만 아니라 아파치 메소스, 도커, 오픈스택 등과 통합될 수 있습니다. 자세한 내용은 다음 문서를 참고하세요. *https://github.com/projectcalico/calico*

이스를 추가하거나 제거합니다. 이를 **샌드박스**sandbox[2] 인터페이스라고합니다.

9장에서 다룬 것처럼 모든 파드에는 IP 주소가 할당되며 CNI 플러그인이 파드에 IP 할당을 담당합니다.

> **NOTE_** 파드에 컨테이너가 여러 개 존재할 수 있는데 CNI가 어떤 컨테이너를 어떻게 연결하는지 궁금할 수 있습니다. 특정 쿠버네티스 노드에서 실행 중인 컨테이너를 출력하도록 도커를 조회해본 적이 있다면 각 파드와 관련된 많은 **pause** 컨테이너를 본 적이 있을 겁니다. 이러한 **pause** 컨테이너는 크게 의미 있는 일을 하지 않습니다. 이들은 단순히 각 파드의 컨테이너 네트워크에 대한 플레이스홀더placeholder 역할[3]만 합니다. 따라서 이 컨테이너는 첫 번째로 실행되는 컨테이너이며 개별 파드의 생명 주기에서는 마지막으로 종료됩니다.

플러그인은 컨테이너 런타임 대신 원하는 작업을 실행한 후에 다른 리눅스 프로세스와 마찬가지로 실행 상태를 반환합니다. 성공할 경우에는 0을 실패할 경우에는 다른 반환 코드를 반환합니다. 성공할 경우 CNI 플러그인은 조작한 IP, 라우트, DNS의 세부 사항도 반환합니다.

CNI에는 컨테이너를 네트워크에 연결하는 것 외에도, IP 주소 관리IP address management (IPAM) 기능이 있습니다. IPAM은 CNI가 항상 새로운 인터페이스의 구성에 사용할 수 있는 주소뿐만 아니라 사용 중인 주소에 대해서도 명확한 모습을 보여줍니다.

10.1.1 플러그인 선택

현재 환경에서 사용할 CNI 플러그인을 선택할 때는 다음 두 가지 기본 사항을 염두에 둬야 합니다.

어떤 네트워크 토폴로지topology[4]입니까?

네트워크의 토폴로지는 궁극적으로 사용자 환경에서 배포할 수 있는 기능 대부분에 영향을 끼칩니다. 예를 들어 퍼블릭 클라우드 내의 여러 가용 영역에 배포하는 경우 캡슐화(**오버레이**overlay 네트

---

2 옮긴이주_ 샌드박스란 외부에서 들어온 프로그램이 보호된 영역에서 동작해 시스템이 부정하게 조작되는 것을 막는 보안 형태로 일반적으로 프로그램을 연결하는 곳을 지칭하기도 합니다(출처: *https://ko.wikipedia.org/wiki/*샌드박스_(컴퓨터_보안)).

3 옮긴이주_ 파드가 실행될 때 Pause라는 이름의 컨테이너가 먼저 실행되고, 이 Pause 컨테이너의 리눅스 네임스페이스를 파드 내부의 모든 컨테이너들이 공유해서 사용합니다. 이 컨테이너는 단순히 네임스페이스를 공유하기 위한 컨테이너이며, SIGINT나 SIGTERM 시그널을 받기 전까지 아무 동작도 하지 않고 Sleep 상태로 대기합니다.

4 옮긴이주_ 네트워크의 요소(링크, 노드 등)를 물리적으로 연결한 방식을 의미합니다. 자세한 내용은 다음 문서를 참고하세요. *https://ko.wikipedia.org/wiki/*네트워크_토폴로지

워크[5]라고도 함)를 지원하는 플러그인을 구현해야 할 수 있습니다.

각자의 조직에 꼭 필요한 기능은 무엇입니까?

배포에 어떤 기능이 중요할지 고려해야 합니다. 파드 간 상호 TLS에 대한 엄격한 조직의 요구 사항이 있는 경우에는 TLS 기능을 제공하는 플러그인을 사용하는 것이 좋습니다. 동일한 토큰으로 모든 플러그인이 **NetworkPolicy**를 지원하지는 않습니다. 클러스터를 배포하기 전에 플러그인이 제공하는 기능을 따져보아야 합니다.

> **NOTE_** CNI가 파드 간에 상호 TLS를 적용할 수 있는 유일한 메커니즘은 아닙니다. 클러스터 운영자는 서비스 메시라는 사이드카 패턴을 사용하여 워크 로드가 TLS 지원 로컬 프록시로만 통신하도록 요구할 수 있습니다. 서비스 메시는 종단end-to-end 간 암호화를 제공할 뿐만 아니라 회선 차단, 블루-그린 배포[6], 분산 추적tracing과 같은 고급 기능을 사용할 수 있게 합니다. 최종 사용자가 로컬 프록시를 알 수 없게 변경할 수도 있습니다.

10.2 kube-proxy

쿠버네티스가 파드 간 네트워킹을 지원하더라도 직접적인 IP간 연결에 대한 추가적인 추상화 기능을 제공하지 않는다면 연결 측면에서 여전히 원시적으로 보일 것입니다. 여러분은 다음과 같은 의문이 들 수 있습니다. '디플로이먼트가 여러 개의 복제본을 가지고 있어서 여러 IP가 있는 경우에는 어떻게 처리하면 좋을까?' '일단 IP 중 하나를 선택하고 나중에 제거되지 않기를 바라야 하는 걸까?' '이 레플리카를 가상 IP로 참조하는 것이 좋지 않을까?' '한 걸음 더 나아가서 DNS 레코드가 있으면 좋지 않을까?'

이 모든 것은 우리가 2장에서 다루었던 쿠버네티스 **Service** 리소스에서 가능합니다. **Service** 리소스로 우리는 파드 집합에 의해 노출된 네트워크 서비스에 가상 IP를 할당합니다. **Service** 뒷단에 있는 파드는 파드 셀렉터를 사용하여 발견되고 연결됩니다.

---

5 옮긴이주_ 오버레이 네트워크는 기존 네트워크를 바탕으로 그 위에 구성되어 있는 또 다른 가상의 네트워크입니다. L3 위에 L2를 올리는 방식으로 구현되며, 각자 분리된 L2 네트워크가 서로 통신할 때 라우팅을 거치지 않고 가상의 터널에서 직접 통신하는 방식입니다. 기존 네트워크에 비해 오버헤드는 있지만 확장성이 장점이며 VXLAN, GRE가 많이 사용됩니다.

6 옮긴이주_ 동일한 구성을 하나 더 만들어서 무중단 업그레이드를 하는 방법입니다. 용어나 세부 개념은 조금 다르지만 Active/Standby 구성과 유사한 개념입니다. 자세한 내용은 다음 문서를 참고하세요. *https://zetawiki.com/wiki/블루-그린_디플로이*

이 모든 것을 가능하게 하는 쿠버네티스 구성 요소는 kube-proxy 프로세스입니다. kube-proxy는 일반적으로 권한 있는 컨테이너 프로세스로 실행되며 가상 서비스 IP 주소의 연결을 관리합니다.

사실 **프록시**라는 이름은 kube-proxy가 원래 유저스페이스의 프록시로 구현되었던 것에서 비롯되었습니다. 하지만 지금은 구현 방식이 바뀌었기 때문에 적절한 이름은 아닙니다. 가장 일반적인 경우에 kube-proxy는 단순하게 모든 노드에서 iptables 규칙을 조작하고 있습니다. 이 규칙은 서비스 IP로 향하는 트래픽을 백엔드포인트 IP 중 하나로 다시 보냅니다. kube-proxy는 컨트롤러이기 때문에 상태 변화을 감시하고 변경이 생기면 적절한 상태로 조정합니다.

클러스터에 이미 정의된 Service를 살펴보면 kube-proxy가 어떻게 작동하는지 이해할 수 있습니다.

```
$ kubectl get svc -n kube-system kubernetes-dashboard
NAME                  TYPE        CLUSTER-IP       EXTERNAL-IP   PORT(S)   AGE
kubernetes-dashboard  ClusterIP   10.104.154.139   <none>        443/TCP   40d
$ kubectl get ep -n kube-system kubernetes-dashboard
NAME                  ENDPOINTS                                    AGE
kubernetes-dashboard  192.168.63.200:8443,192.168.63.201:8443      40d
$ sudo iptables-save | grep KUBE | grep "kubernetes-dashboard"
-A KUBE-SEP-3HWS5OGCGRHMJ23K -s 192.168.63.201/32 -m comment --comment \
    "kube-system/kubernetes-dashboard:" -j KUBE-MARK-MASQ
-A KUBE-SEP-3HWS5OGCGRHMJ23K -p tcp -m comment --comment \
    "kube-system/kubernetes-dashboard:" -m tcp -j DNAT \
    --to-destination 192.168.63.201:8443
-A KUBE-SEP-XWHZMKM53W55IFOX -s 192.168.63.200/32 -m comment --comment \
    "kube-system/kubernetes-dashboard:" -j KUBE-MARK-MASQ
-A KUBE-SEP-XWHZMKM53W55IFOX -p tcp -m comment --comment \
    "kube-system/kubernetes-dashboard:" -m tcp -j DNAT \
    --to-destination 192.168.63.200:8443
```

....

7 옮긴이주_ 블루-그린 배포와 유사합니다. 대규모 상용 병렬구조의 시스템에서는 트래픽 수용 용량 변경을 통한 업그레이드 작업을 많이 합니다. 사전에 트래픽을 우회 소통 시켜놓고, 신규 애플리케이션 패키지를 설치한 후, 조금씩 트래픽을 확대 수용하는 방식입니다.

```
-A KUBE-SERVICES ! -s 192.168.0.0/16 -d 10.104.154.139/32 -p tcp -m comment \
    --comment "kube-system/kubernetes-dashboard: cluster IP" -m tcp --dport 443 \
    -j KUBE-MARK-MASQ
-A KUBE-SERVICES -d 10.104.154.139/32 -p tcp -m comment --comment \
    "kube-system/kubernetes-dashboard: cluster IP" -m tcp --dport 443 \
    -j KUBE-SVC-XGLOHA7QRQ3V22RZ
-A KUBE-SVC-XGLOHA7QRQ3V22RZ -m comment --comment \
    "kube-system/kubernetes-dashboard:" -m statistic --mode random \
    --probability 0.50000000000 -j KUBE-SEP-XWHZMKM53W55IFOX
-A KUBE-SVC-XGLOHA7QRQ3V22RZ -m comment --comment \
    "kube-system/kubernetes-dashboard:" -j KUBE-SEP-3HWS5OGCGRHMJ23K
```

위의 내용은 이해하기가 약간 어려울 수 있으므로 작은 단위로 나눠서 살펴봅시다. 위 예제
에서 kubernetes-dashboard ClusterIP Service를 보면, ClusterIP가 10.104.154.139
이고 파드 엔드포인트가 192.168.63.200:8443과 192.168.63.201:8443입니다. 여기에서
kube-proxy는 각 노드에서 이 상태를 반영하기 위해 여러 iptables 규칙을 만들었습니다. 실
제로 이러한 규칙은 파드 CIDR(192.168.0.0/16)에서 들어오면서 dashboard ClusterIP
(10.104.154.139/32):TCP 포트 443으로 향하는 모든 패킷을 임의의 대시보드 컨테이너
에 호스팅하는 다운 스트림 파드 중 하나에 8443 포트로 패킷을 다시 보내야 한다는 의미입
니다.

이런 방식으로 모든 노드의 모든 파드는 kube-proxy 데몬이 iptables 규칙을 조작함으로써
정의된 Service와 통신할 수 있습니다.

> **NOTE_ iptables**는 IT 환경에서 가장 일반적으로 사용되는 제어 방식입니다. 쿠버네티스 v1.9에서는 새
> 로운 IP 가상 서버IP virtual server(IPVS) 방식이 추가되었습니다. 이 방식은 더 우수한 성능을 제공할 뿐만 아니라
> 다양한 로드 밸런싱 알고리즘을 활용할 수 있게 합니다.

10.3 서비스 검색

높은 수준의 동적 프로세스 스케줄링이 있는 환경에서는 Service 엔드포인트가 있는 위치를
안정적으로 찾을 수 있는 방법이 필요합니다. 이는 많은 클러스터링 기술 모두에 해당하는 말

이며 쿠버네티스도 마찬가지입니다. 다행스럽게도 Service 리소스를 사용하여 Service 검색을 할 수 있는 좋은 방법이 있습니다.

10.3.1 DNS

쿠버네티스에서 Service를 검색하는 가장 일반적인 방법은 DNS를 사용하는 것입니다. 쿠버네티스 구성 요소 자체에는 기본 DNS 컨트롤러가 없지만 Service 리소스에 DNS 레코드를 제공하는 데 사용할 수 있는 애드온 컨트롤러가 있습니다.

DNS 영역에서 가장 널리 배포되는 추가 기능 2개는 커뮤니티에서 유지 관리하는 **쿠베 DNS**와 **코어 DNS 컨트롤러**입니다. 이들 컨트롤러는 API 서버에서 파드 및 Service 상태를 감시하고 여러 가지 다른 DNS 레코드를 자동으로 정의합니다. 두 컨트롤러의 가장 큰 차이점은 구현 방식입니다. 코어 DNS 컨트롤러는 코어 DNS을 사용해 구현했고 쿠베 DNS는 dnsmasq를 사용하여 구현했습니다.

모든 Service는 생성시 `<service name>.<namespace>.svc.cluster.local`의 형식으로 다음과 같이 가상 서비스 IP와 관련된 DNS A 레코드를 가져옵니다.

```
# kubectl get svc
NAME         TYPE        CLUSTER-IP    EXTERNAL-IP   PORT(S)   AGE
kubernetes   ClusterIP   10.96.0.1     <none>        443/TCP   35d
# kubectl run --image=alpine dns-test -it -- /bin/sh
If you don't see a command prompt, try pressing enter.
/ # nslookup kubernetes
Server:    10.96.0.10
Address 1: 10.96.0.10 kube-dns.kube-system.svc.cluster.local

Name:      kubernetes
Address 1: 10.96.0.1 kubernetes.default.svc.cluster.local
```

헤드리스 Service의 경우 레코드가 약간 다릅니다.

```
# kubectl run --image=alpine headless-test -it -- /bin/sh
If you don't see a command prompt, try pressing enter.
/ # nslookup kube-headless
Name:      kube-headless
```

```
Address 1: 192.168.136.154 ip-192-168-136-154.ec2.internal
Address 2: 192.168.241.42 ip-192-168-241-42.ec2.internal
```

이 경우 Service ClusterIP에 대한 A 레코드 대신 사용자가 재량에 따라 사용할 수 있는 A 레코드 목록이 제공됩니다.

> **NOTE_ 헤드리스**headless 서비스는 clusterIP=None인 ClusterIP Service입니다. 이 둘은 Service를 정의하고 싶은데 kube-proxy가 관리할 필요는 없을 때 사용합니다. 서비스의 엔드포인트에 계속 액세스할 수 있기 때문에 자체 서비스 검색 메커니즘을 구현하려는 경우 이 기능을 활용할 수 있습니다.

10.3.2 환경 변수

DNS 외에도 사용 빈도는 낮지만 자동으로 추가되는 환경 변수를 사용한 Service 검색도 있습니다. 파드가 실행되면 현재 네임스페이스의 ClusterIP Services를 설명하는 변수 모음이 프로세스 환경에 추가됩니다.

```
# kubectl get svc test
NAME      TYPE       CLUSTER-IP       EXTERNAL-IP    PORT(S)     AGE
test      ClusterIP  10.102.163.244   <none>         8080/TCP    9m

TEST_SERVICE_PORT_8080_8080=8080
TEST_SERVICE_HOST=10.102.163.244
TEST_PORT_8080_TCP_ADDR=10.102.163.244
TEST_PORT_8080_TCP_PORT=8080
TEST_PORT_8080_TCP_PROTO=tcp
TEST_SERVICE_PORT=8080
TEST_PORT=tcp://10.102.163.244:8080
TEST_PORT_8080_TCP=tcp://10.102.163.244:8080
```

이 메커니즘은 DNS 기능이 없는 경우에 사용할 수 있지만 조심해야 하는 중요한 주의 사항이 있습니다. 프로세스 환경은 파드가 시작하는 시간에 추가되기 때문에, 이 방법을 사용하는 모든 Service 검색에서는 파드 시작 **전에** 필요한 Service 리소스를 정의해야 합니다. 파드가 시작된 후에는 Service에 대한 모든 업데이트를 고려하지 않습니다.

10.4 네트워크 정책

쿠버네티스를 사용하든 사용하지 않든, 사용자 워크로드를 보호하는 데 중요한 점은 Service 가 적절한 고객에게만 노출되도록 보장하는 것입니다. 예를 들어 데이터베이스 백엔드가 필요한 API를 개발하는 경우 일반적인 배포 패턴은 API 엔드포인트만 외부 고객에게 노출하는 것입니다. API 서비스 자체만 데이터베이스에 액세스하는 것이 가능합니다. OSI 모델의 3계층 및 4계층에서 이러한 유형의 Service 격리는 공격 대상 영역이 제한되는 데 도움이 됩니다. 전통적으로 이러한 유형의 제한은 일부 방화벽으로 구현되어 왔으며, 리눅스 시스템에서는 일반적으로 Iptables를 사용하여 이 정책을 적용합니다.

정상적인 상황에서 Iptables 규칙은 서버 관리자만 조작할 뿐이고 규칙이 실행되는 노드의 로컬에 있습니다. 이는 서비스 보안을 위해 직접 수정하길 원하는 쿠버네티스 사용자들에게는 다소 문제가 됩니다.

다행히 쿠버네티스는 사용자가 자신의 워크로드와 관련된 3계층 및 4계층 규칙을 정의할 수 있도록 NetworkPolicy 리소스를 제공합니다. NetworkPolicy 리소스는 네임스페이스, 파드, 일반 CIDR 블록에도 적용할 수 있는 송신ingress 및 수신egress 규칙을 제공합니다.

> NOTE_ NetworkPolicy 기능은 CNI 플러그인이 지원해야 정의할 수 있습니다. 쿠버네티스 API 서버는 NetworkPolicy 선언을 기꺼이 수락하지만 선언된 상태를 조정할 컨트롤러가 없으므로 어떠한 정책도 적용되지 않습니다. 예를 들어 플란넬Flannel[8]은 파드 간 통신을 위한 오버레이 네트워크를 제공할 수 있지만 정책에 이전트는 포함하지 않습니다. 이러한 이유 때문에 NetworkPolicy 기능을 갖춘 플란넬의 오버레이 기능을 원하는 많은 사람들은 플란넬의 오버레이와 칼리코의 정책 엔진을 결합한 커낼Canal[9]을 새롭게 시작했습니다.

일반적인 NetworkPolicy 매니페스트는 다음과 같습니다.

```
apiVersion: networking.k8s.io/v1
kind: NetworkPolicy
metadata:
```

---

[8] 옮긴이주_ 플란넬은 코어 OS 주도의 프로젝트이며 쿠버네티스용으로 설계된 3계층에서 오버레이 네트워크를 구성하기 위한 쉬운 방법입니다. 패킷은 vxlan 및 다양한 메커니즘을 사용하여 전달됩니다. 자세한 내용은 다음 문서를 참고하세요. *https://github.com/coreos/flannel*

[9] 옮긴이주_ 하지만 도서 출간 이후 통합이 불필요하다고 판단되어 원래대로 플란넬과 칼리코는 별도로 진행하기로 결정되었습니다. 자세한 내용은 다음 문서를 참고하세요. *https://github.com/projectcalico/canal*

```
    name: backend-policy
    namespace: api-backend
  spec:
    podSelector:
      matchLabels:
        role: db
    policyTypes:
    - Ingress
    - Egress
    ingress:
    - from:
      - namespaceSelector:
          matchLabels:
            project: api-midtier
      - podSelector:
          matchLabels:
            role: api-management
      ports:
      - protocol: TCP
        port: 3306
    egress:
    - to:
      - ipBlock:
          cidr: 10.3.4.5/32
      ports:
      - protocol: TCP
        port: 22
```

이러한 NetworkPolicy 리소스를 읽고 조작하는 데 익숙해지기 위해서는 시간이 조금 필요하지만 일단 스키마를 확실하게 익혀두면 매우 강력한 툴로 사용할 수 있습니다.

이 예제에서는 api-backend 네임스페이스의 role=db 레이블을 가진 모든 파드에 적용하는 정책을 선언합니다. ingress 규칙은 project=api-midtier 레이블이 있는 네임스페이스 또는 role=api-management 레이블이 있는 파드에서 3306 포트로 트래픽을 허용합니다. 또한 아웃바운드 egress 규칙은 role=db 파드에서 10.3.4.5의 SSH 서버로만 트래픽을 허용합니다. 아마도 사용 가능한 외부의 위치에 백업을 동기화하기 위해 이 정책을 사용할 것입니다.

이러한 규칙은 비교적 구체적이지만, 모든 네임스페이스의 수신/발신 트래픽에 광범위한 허용 또는 거부 정책을 만들 수 있습니다. 예를 들어 가장 흥미로울 만한 다음 정책은 네임스페이스에 대한 기본 수신 거부 정책을 작성합니다.

```
apiVersion: networking.k8s.io/v1
kind: NetworkPolicy
metadata:
  name: default-deny
spec:
  podSelector: {}
  policyTypes:
  - Ingress
```

기본적으로 파드에는 네트워크 제한이 없습니다. NetworkPolicy를 통해서만 파드 간 상호 연결을 잠글 수 있습니다.

10.5 서비스 메시

워크로드 간의 네트워크 흐름을 이해하는 것은 복잡할 수 있습니다. 가장 단순한 경우는 1개의 컨테이너만 있는 1개의 파드 레플리카에 Service 리소스가 있는 경우입니다. 이런 상황에서는 컨테이너의 애플리케이션 로그를 보고 트래픽이 발생한 곳을 분석하면 네트워크 흐름을 이해할 수 있습니다.

그러나 마이크로서비스 환경에서는 트래픽이 Service가 지원하는 인그레스로 클러스터에 들어오는 것이 일반적입니다. 이후 여러 파드 레플리카가 Service를 뒷받침 합니다. 또한 이러한 파드 자체는 다른 클러스터 Service 및 각각의 파드들에 연결할 수 있습니다. 여러분이 쉽게 추측할 수 있듯이 이러한 흐름은 매우 빠르게 복잡해집니다. 이때 서비스 메시 솔루션이 도움이 될 수 있습니다.

서비스 메시는 다양한 동/서 간 또는 파드 간 네트워킹이 필요한 사용자를 도와줄 수 있는 스마트 프록시 모음입니다. 이러한 프록시들은 애플리케이션 파드에서 사이드카 컨테이너로 작동하거나 특정 노드의 모든 파드에서 사용할 수 있는 노드 로컬 인프라 구성 요소인 DaemonSets으로 작동할 수 있습니다. 이러한 서비스 메시 프록시(일반적으로 환경 변수 포함)에 트래픽을 프록시하도록 파드를 구성하기만 하면 이제 파드가 메시의 일부가 됩니다.

서비스 메시 솔루션은 일반적으로 다음과 같은 공통 기능을 제공합니다.

트래픽 관리

대부분의 서비스 메시 솔루션에는 특정 서비스에서 들어오는 요청을 처리하기 위한 일부 기능이 포함되어 있습니다. 이런 기능들은 카나리아 및 블루-그린 배포와 같은 고급 패턴을 사용할 수 있게 합니다. 또한 일부 솔루션은 프로토콜을 인식합니다. IP와 포트만 확인하는 4계층 프록시로 작동하는 대신 상위 수준의 프로토콜을 검토하고 지능적인 프록시 결정을 내릴 수 있습니다. 예를 들어 특정 업스트림에서 HTTP 요청에 느리게 응답하는 경우 프록시는 해당 백엔드를 즉각 응답하는 업스트림보다 낮게 가중할 수 있습니다.

관찰성

쿠버네티스 클러스터에 마이크로서비스를 배포할 때는 파드 간의 상호 연결성을 빨리 이해하기가 어려울 수 있습니다. 점점 더 많은 파드가 서로 통신하게 되는데 사용자가 보고한 연결 문제를 어떻게 디버그해야 하는지, 응답 속도가 느린 애플리케이션을 어떻게 찾을 수 있을지 궁금해집니다. 대부분의 서비스 메시 솔루션은 분산 추적(일반적으로 오픈 트레이싱 표준에 기반)을 위한 자동 메커니즘을 제공합니다. 불필요한 것은 제외하고 개별 요청의 흐름만 고유하게 추적할 수도 있습니다.

보안

언더레이underlying 네트워크가 기본 암호화를 제공하지 않는 환경(대부분의 CNI 플러그인에 공통적)에서 서비스 메시는 모든 동/서 트래픽에 상호 TLS를 제공하여 중재할 수 있습니다. 이 기능은 모든 연결이 기본적으로 안전하도록 정책을 적용할 수 있기 때문에 보안상 유리할 수 있습니다.

이스티오(*https://istio.io*), 린커드(*https://linkerd.io*), 컨듀이트(*https://conduit.io*)와 같은 프로젝트는 일반적으로 사용되는 서비스 메시 솔루션입니다. 앞서 언급한 기능들이 여러분의 사용 환경과 관련이 있다면 이러한 서비스 메시 프로젝트 사용을 고려해 보시기 바랍니다.

10.6 마치며

모든 분산 시스템의 네트워킹은 항상 복잡합니다. 쿠버네티스는 OSI 네트워킹 스택의 여러 계층에서 잘 정의된 추상화를 제공하여 이 중요한 기능을 단순화합니다. 종종 추상화는 수십 년 동안 안정적으로 활용되고 검증된 네트워킹 기술로 구현됩니다. 한편 이러한 추상화는 기능에 대한 공통 인터페이스를 제공하기 위한 것이기 때문에 클러스터 운영자로서 여러분은 필요에 따라 가장 적합한 네트워킹 방식을 자유롭게 활용해야 할 수 있습니다. 애플리케이션의 네트워킹 요구 사항을 디플로이먼트 매니페스트와 연결하면, 복잡하고 안정적이고 안전한 애플리케이션 아키텍처를 배포하기가 훨씬 쉬워집니다.

## CHAPTER 11

모니터링

일반적으로는 퍼블릭 클라우드 서비스 공급 업체가 제공하는 쿠버네티스 클러스터를 설치하거나 사용하는 것이 좋습니다. 그러나 업체에서 클러스터의 메트릭과 로그를 모니터링하지 않거나 클러스터에 문제가 발생했을 때 적절한 알림을 주는 계획이 없다면, 사용자가 만든 클러스터에 고장이 발생하기를 기다리는 꼴이 되고 맙니다. 쿠버네티스는 개발자가 자신의 애플리케이션을 쉽게 구축하고 배포할 수 있게 해주지만, 성공적인 운영을 위해 쿠버네티스에 의존하는 애플리케이션을 생성기도 합니다. 즉, 클러스터에 고장이 발생하면 사용자의 애플리케이션도 마찬가지로 고장 날 수 있습니다. 그리고 클러스터에 고장이 자주 발생하면 사용자는 시스템에 대한 신뢰를 잃고 클러스터와 운영자가 있어야 하는 이유에 의문을 갖기 시작할 겁니다. 11장에서는 이런 문제를 막기 위해 쿠버네티스 클러스터 모니터링과 알림을 개발하고 배포하는 방법을 알아보겠습니다. 더불어 클러스터에 모니터링을 추가하여 개발자가 자신의 애플리케이션이 자동으로 모니터링을 활용하도록 하는 방법도 살펴보겠습니다.

11.1 모니터링의 목표

클러스터를 모니터링하는 방법을 자세히 살펴보기 전에 모니터링의 목표를 먼저 생각해보는 것이 중요합니다. 모니터링을 구축하고 관리하는 모든 방법은 모니터링 목표에 잘 부합해야 합니다. 그리고 이러한 목표가 **왜** 필요한지 고민해보는 것은 구체적인 모니터링 **방법**을 이해하는 데 도움이 될 것입니다.

분명히 모니터링의 최우선 목표는 안정성입니다. 여기에서 말하는 안정성이란 쿠버네티스 클러스터의 안정성과 클러스터의 최상위에서 실행되는 애플리케이션의 안정성 모두를 의미합니다. 예컨대 컨트롤러 관리자와 같은 바이너리를 떠올려봅시다. 컨트롤러 관리자가 올바르게 작동하지 않으면 Service 검색이 서서히 만료되기 시작합니다. 기존 Service는 이미 클러스터의 DNS 서버에 올바르게 전달되었겠지만, 롤아웃 또는 스케일링 작업 때문에 변경되는 Service나 새로운 Service는 DNS를 업데이트 하지 않습니다.

> **NOTE_** 이 문제는 쿠버네티스의 기본 아키텍처를 알아야 하는 이유를 보여줍니다. 전체 쿠버네티스 클러스터에서 컨트롤러 관리자의 역할을 스스로 설명할 수 없다면 쿠버네티스 구성 요소와 아키텍처를 다루는 3장을 다시 확인해보기 바랍니다.

이러한 문제는 이미 존재하지만 쿠버네티스 클러스터를 업데이트하는 방식으로는 개선되지 않습니다. 클러스터를 초기화한 후에는 모든 Service 검색이 거의 정적입니다. 하지만 Service 검색 및 장애 극복failover 자체가 실패하기 때문에 쿠버네티스 클러스터 위에서 실행되는 애플리케이션의 정확도에 반영됩니다.

위와 같은 쿠버네티스 컨트롤러 관리자와 Service의 관계는 쿠버네티스 모니터링에 대한 두 가지 중요한 점을 보여줍니다.

첫째, 대부분 클러스터 자체가 올바르게 작동하는 것처럼 보이지만 실제로는 제대로 작동하지 않을 수 있습니다. 이것은 클러스터의 몇몇 요소만 모니터링하는 것뿐만 아니라 사용자가 필요로 하는 클러스터 기능을 모니터링하는 것이 중요하다는 것을 의미합니다. 이와 같은 상황에서 제일 좋은 모니터링 방법은 새 파드와 Service를 지속적으로 배포하고 Service 검색이 예상대로 작동하는지 블랙박스 모니터로 확인하는 것입니다.

> **NOTE_** 이 장에서 우리는 화이트박스와 블랙박스, 두 가지 유형의 모니터링을 살펴보겠습니다. **화이트박스 모니터링**에서는 애플리케이션이 특별한 신호signal를 만들고 이러한 신호를 사용하여 문제를 찾습니다. **블랙박스** 혹은 탐침probe 모니터링에서는 공개 인터페이스(예: 쿠버네티스)를 사용하여 예상되는 결과(예: '크기가 3인 ReplicaSet 만들어라'라는 명령이 3개의 파드를 생성)를 수행하고 예상되는 결과가 발생하지 않으면 알림을 생성합니다.

둘째, 이 DNS 상황이 알려주는 또 다른 중요한 교훈은 적절한 알림을 만드는 게 상당히 중요하다는 것입니다. 만약 사용자가 애플리케이션 오류를 보고하며 불만을 제기할 때만 클러스터 문제를 감지한다면, 이는 운영자가 모니터링을 제대로 하고 있지 않다는 것을 의미합니다. 서비스를 운영하면서 사소한 고장이 수시로 발생하는 것은 필연적이지만, 모니터링이 잘 되는 시스템을 갖추고 있다면 최종 사용자인 고객이 문제를 제기할 만한 고장은 방지할 수 있습니다.

모니터링 시스템의 또 다른 중요한 특징은 안전성을 높이는 것뿐만 아니라 쿠버네티스 클러스터를 관찰할 수 있게 하는 것입니다. 클러스터 관찰이 중요한 이유는 매우 많습니다.

모니터링 알림은 클러스터에 문제가 있다고 알려주는 관찰 방법이자, 정확히 무엇이 잘못되어 알림을 발생했는지 판단하는 것이며, 고객이 문제를 직면하기 전에 미리 장애를 파악하여 조치하도록 하는 방법의 하나입니다. 모니터링 데이터를 관찰, 시각화, 쿼리하는 기능은 고장이 발생하기 전에 문제를 식별하고, 어떤 문제가 발생하고 있는지 파악하는 중요한 기능입니다.

서비스 안정성뿐만 아니라 클러스터 모니터링 데이터의 중요한 유스 케이스는 사용자에게 클러스터 운영에 관한 통찰력을 제공합니다. 예를 들어 사용자는 자신의 이미지를 실행하는 데 평균적으로 시간이 얼마나 걸리는지 알고 싶어할 수 있습니다. 사용자는 실제로 쿠버네티스 DNS 레코드가 얼마나 빨리 만들어지는지 궁금할 수 있습니다. 또한, 재무 담당자는 사용자가 요청한 컴퓨팅 리소스를 실제로 모두 사용하는지 확인해보고 싶을 수도 있습니다. 이런 모든 정보는 클러스터 모니터링 시스템에서 찾아볼 수 있습니다.

11.2 로깅과 모니터링

쿠버네티스 모니터링을 자세히 알아보기 전에 **로깅과 모니터링의 차이**를 이해하는 것이 중요합니다. 로깅과 모니터링은 서로 밀접하게 관련되어 있지만 실제로는 상당히 다릅니다. 서로 다른 문제에 사용되며 종종 다른 인프라에 저장됩니다.

로깅 기록 이벤트(예: 생성된 파드 또는 API 호출 실패), 모니터링 기록 통계(예: 특정 요청의 대기 시간, 프로세스의 CPU 사용량, 특정 엔드포인트에서의 요청량)를 생각해보면 기록된 로그는 특성상 개별 로그인 반면 모니터링 데이터는 연속적인 값의 표본입니다.

로깅 시스템은 일반적으로 관련된 정보를 찾는 데 사용됩니다. 예를 들어 '왜 파드 생성에 실패했을까?', '왜 서비스가 제대로 작동하지 않았을까?'와 같은 질문에 응답합니다. 그래서 로그 스토리지 시스템은 방대한 양의 데이터를 저장하고 쿼리하는 방향으로 구성됩니다. 하지만 모니터링 시스템은 보통 시각화와 관련된 방향으로 구성됩니다. 예를 들어 '1시간 동안 CPU 사용량을 보여주세요'와 같은 질문에 응답합니다. 따라서 모니터링 데이터는 시간 중심의 시계열 데이터를 효율적으로 저장할 수 있는 시스템에 저장됩니다.

로깅이나 모니터링만으로는 클러스터를 이해하기가 충분하지 않습니다. 다만 데이터를 모니터링하면 클러스터의 전반적인 상태를 잘 파악할 수 있으며 발생할 수 있는 비정상적인 이벤트를 식별하는 데 도움이 될 수 있습니다. 더불어 로깅은 비정상적인 동작이 발생하기까지 많은 컴퓨터들 사이에서 실제로 어떤 일이 일어나는지 파악하고 이해하는 데 매우 도움이 됩니다.

11.3 모니터링 스택 구축

그동안 쿠버네티스 클러스터를 모니터링하는 이유와 필요한 것을 알아봤으니, 이제부터는 모니터링 방법을 살펴봅시다.

11.3.1 클러스터와 애플리케이션에서 데이터 가져오기

모니터링은 모니터링 시스템에 데이터를 노출하는 것으로 시작합니다. 이 데이터 중 일부는 클러스터에서 컨테이너를 구성하는 커널의 cgroup과 네임스페이스에 대한 일반적인 정보로 수집되지만, 모니터링에 유용한 대부분의 정보는 개발자가 애플리케이션 자체에 추가하게 됩니다. 메트릭을 애플리케이션에 통합하는 방법은 다양하지만 프로메테우스 모니터링 인터페이스(*https://prometheus.io*)는 쿠버네티스에서 메트릭을 노출하기 위해 선택하는 방법 중에 가장 널리 사용됩니다.

쿠버네티스의 모든 서버는 프로메테우스 프로토콜을 사용하여 모니터링된 데이터를 처리하는 HTTP(S) 엔드포인트로 모니터링 데이터를 노출합니다. 쿠버네티스 쿠블렛 서버가 실행 중인 경우 curl과 같은 표준 HTTP 클라이언트(*http://localhost:9093*)에서 이 데이터에 액세스할 수 있습니다.

새로운 애플리케이션 메트릭을 코드에 통합하려면 관련된 프로메테우스 라이브러리에 연결해야 합니다. 그러면 애플리케이션에 올바른 HTTP 서버가 추가될 뿐만 아니라 해당 서버에서 스크랩하기 위한 특정 메트릭도 노출됩니다. 프로메테우스에는 Go, 자바, 파이썬, 루비를 위한 공식 라이브러리가 포함되어 있으며 그밖에도 다양한 언어로 만들어진 비공식 라이브러리가 있습니다.

다음은 Go 애플리케이션을 계측하는 방법의 예시입니다. 먼저 프로메테우스 서버를 코드에 추가합니다.

```
import  "github.com/prometheus/client_golang/prometheus/promhttp"
...
func main() {
...
    http.Handle("/metrics", promhttp.Handler())
...
}
```

서버를 실행한 후에는 메트릭을 정의하고 값을 확인해야 합니다.

```
"github.com/prometheus/client_golang/prometheus"
...
    histogram := prometheus.NewHistogram(...)
...
    histogram.Observe(someLatency)
...
```

쿠버네티스 바이너리는 쿠버네티스가 제공하는 모니터링 정보 외에도 stdout 파일 스트림에 많은 정보를 기록합니다. 종종 이 출력은 /var/lib/kubernetes-apiserver.log와 같은 로그 파일에 기록되고 연결됩니다. 쿠버네티스 API 서버를 실행하는 마스터 노드에 SSH로 들어가면 /var/lib/kube-apiserver.log에서 API 서버 로그 파일을 찾을 수 있으며 tail -f 명령어를 사용하여 실제 로그 줄을 볼 수 있습니다. 쿠버네티스 구성 요소는 github.com/google/glog 라이브러리를 사용하여 서로 다른 등급 수준으로 데이터를 파일에 기록합니다. 파일을 살펴볼 때 기록된 첫 번째 문자를 보고 이러한 심각도 수준을 감지할 수 있습니다. 예를 들어 오류 수준의 로그는 다음과 같습니다.

```
E0610 03:39:40.323732      1753 reflector.go:205] ...
```

위 예시에서 오류 로그 수준을 나타내는 **E**와 로그 시간 및 로그가 기록된 파일을 볼 수 있습니다. 쿠버네티스 구성 요소는 다양한 수준에서 자세한 정보를 기록합니다. 보통 쿠버네티스를 설치할 때 상세함^{verbosity} 수준을 2로 설정하며 이는 기본값이기도 합니다. 상세함 수준을 2로 설정하면 상세 정보와 너무 많은 스팸성 정보 사이의 적절한 균형을 유지할 수 있습니다. 로깅의 상세함 수준을 높이거나 낮추려면 --v 플래그를 사용하고 0에서 10 사이의 값으로 설정하면 됩니다. 10은 상세함 수준에서 가장 높은 단계이며 너무 많은 로그가 기록되어 스팸이 될수 있습니다. -vmodule 플래그를 사용하여 특정 파일이나 파일 집합에만 자세한 정보를 설정할 수도 있습니다.

> **NOTE_** 로그의 상세함 수준을 높게 설정하면 로그 정보를 세밀하게 볼 수 있지만 비용이나 성능 측면에서 대가를 치르게 됩니다. 로그는 절대적인 양이 많기 때문에 저장과 보존 비용이 증가하고 쿼리 속도가 느려질 수 있습니다. 로깅 수준을 높일 때는 되도록 짧은 기간 동안만 설정하고 가능하면 빨리 표준 수준으로 로깅을 되돌려야 합니다.

11.3.2 여러 곳에서 메트릭과 로그 집계하기

구성 요소가 데이터를 생성하고 나면 이를 그룹화하거나 집계한 다음에 쿼리와 내부 분석을 위해 저장해야 합니다. 이번 절에서는 모니터링 메트릭과 로깅 데이터를 집계하는 방법을 다루며, 다음 절에서는 스토리지 측면에서 다루는 선택 사항을 살펴보도록 하겠습니다.

집계에는 두 가지 스타일이 있습니다. **당기는 집계**^{pull aggregation}에서는 집계 시스템이 각각 모니터링되는 시스템에 직접 접속하여 모니터링 정보를 집계 저장소로 가져와서 모읍니다. 상호 교류 접근에서는 **밀어내는 모니터링 시스템**^{push based monitoring system}으로, 여기서 모니터링되는 시스템은 해당 메트릭을 집계 시스템에 전송합니다. 두 가지 모니터링 설계 방법에는 각각 장단점이 있으며 시스템의 세부 사항에 따라 구현하기가 더 쉽거나 어려울 수 있습니다. 필자는 로깅과 모니터링 통합을 위해 프로메테우스와 플루언트디^{fluentd}시스템을 자세히 살펴보았습니다. 두 시스템을 보면 설계가 다르다는 것을 알 수 있습니다. 각각의 설계를 들여다보고 왜 그런식으로 설계했는지 이유를 파악하면 트레이드 오프를 이해하는 데 도움됩니다.

프로메테우스는 메트릭을 모니터링하기 위한 당기는 집계 툴입니다. 지금까지 살펴본 것처럼 프로메테우스 메트릭을 노출하면 프로메테우스 서버가 데이터를 스크랩해 모으고 웹 페이지 형태로 보여줍니다. 프로메테우스는 모니터링 시스템을 추가하는 것이 간단한 일이라고 생각하여 이 설계 방식을 선택했습니다. 각 시스템이 예상되는 인터페이스를 구현한다면 프로메테우스 구성에 URL을 추가하는 것은 간단하며, 바로 서버의 데이터가 모니터링되기 시작합니다. 프로메테우스는 자기에게 맞는 속도로 데이터를 스크랩하고 집계하므로 데이터를 서로 다른 간격으로 전송하는 버스티^{bursty} 클라이언트나 지연 클라이언트를 걱정할 필요가 없습니다. 대신, 프로메테우스는 모니터링 데이터를 정확히 언제 요청해야 할지 알고 있으며, 모니터링되는 모든 시스템에 데이터를 수집하는 속도를 제어하여 수집 속도가 일관되고 고르게 분산되도록 합니다.

반면, fluentd 데몬(`https://www.fluentd.org`)은 밀어내는 로그 집계 툴[1]입니다. 프로메테우스가 다양하고 실용적인 이유로 당기는 모델을 선택한 것처럼 플루언트디도 여러 가지 실제 설계 고려 사항을 기반으로 밀어내는 모델을 선택했습니다. 플루언트디가 밀어내는 모델을 선택한 주된 이유는 로그를 기록하는 거의 모든 시스템이 파일이나 로컬 시스템의 스트림에 이 작업을 수행하기 때문입니다. 결과적으로 로깅 스택에 통합하려면 플루언트디는 디스크의 다양한 파일에서 최신 로그를 읽어야 합니다. 일반적으로 모니터링 중인 시스템에 사용자 정의 맞춤 코드를 삽입하는 것은 거의 불가능합니다(예: stdout 대신 로깅 시스템에 프린트). 결과적으로 플루언트디는 로깅 정보를 제어하고 각 파일에서 이를 읽은 다음 로그 집계 시스템에 밀어내기로 했습니다. 즉, 기존 바이너리에 플루언트디를 추가하는 것은 매우 간단합니다. 바이너리를 전혀 변경하지 않습니다. 대신 특정 경로의 파일의 데이터를 읽고 해당 로그를 로그 저장 시스템으로 전달하도록 플루언트디를 구성합니다. 이를 설명하기 위해 쿠버네티스 API 서버 감사 로그를 모니터링하고 밀어내기 위한 플루언트디 구성 방식을 살펴보겠습니다.

```
<source>
        @type tail
        format json
        path /var/log/audit
        pos_file /var/log/audit.pos
```

---

1 옮긴이주_ 로그 집계 툴로 일래스틱서치(Elastic Search), 로그스태시(Logstash), 키바나(Kibana)도 많이 사용하고 있습니다. 이 셋을 줄여서 ELK라고 하거나 일래스틱 스택(Elastic Stack)이라고도 부릅니다. 이 중 로그스태시는 비츠(Beats)라는 에이전트와 함께 쓰기도 하고 별도로 쓰기도 합니다. 로그스태시와 비츠도 본문의 밀어내는 모니터링 시스템에 해당합니다. 한편 쿠버네티스에서는 로그스태시 대신에 플루언트디를 사용하는 경우가 많으며 이 경우에는 EFK라고 부릅니다.

```
        tag audit
        time_key time
        time_format %Y-%m-%dT%H:%M:%S.%N%z
    </source>
    ....
```

위 예에서는 플루언트디가 필요한 로그 파일 위치, 파일 형식, 날짜를 가져오는 표현식을 사용하여 데이터에 태그를 추가하는 구성이 가능하다는 것을 알 수 있습니다. 쿠버네티스 서버는 **glog** 패키지를 사용하기 때문에 로그 줄은 일관된 형식을 따르므로 쿠버네티스가 기록하는 모든 줄에서 구조화된 데이터를 예상하고 추출할 수 있습니다.

> **NOTE_** 프로메테우스는 종종 애플리케이션에 연결되지만 기존 상용 소프트웨어에서도 사용할 수 있습니다. 애플리케이션 옆에서 사이드카로 실행할 수 있는 다양한 프로메테우스 어댑터가 있습니다. 이들은 애플리케이션과 예상되는 프로메테우스 인터페이스 사이의 중개자가 될 수 있습니다. 어댑터는 대부분(예: **Redis** 또는 **Java**) 프로메테우스가 이해할 수 있는 형식으로 데이터를 노출하기 위해 애플리케이션과 통신하는 방법을 알고 있습니다. 또한 프로메테우스는 일반적인 모니터링 프로토콜(예: **StatsD**) 어댑터가 있어 원래 다른 용도로 의도된 시스템에 대한 메트릭도 다룰 수 있습니다.

11.3.3 검색 및 쿼리를 위한 데이터 저장하기

프로메테우스 또는 플루언트디가 모니터링과 로깅 데이터를 집계한 후에도 일정 기간 동안은 데이터를 보존하기 위해 어딘가에 저장해야 합니다. 모니터링 데이터를 보관하는 기간은 시스템에서 요구하는 수준과 데이터 저장 공간에 지불할 수 있는 비용에 따라 달라집니다. 일반적인 경험으로는 최소 30~45일의 데이터를 보관해야 합니다. 처음에는 이 양이 너무 많은 것처럼 보일지도 모릅니다. 그러나 고장은 대부분 천천히 시작되고 문제가 분명해지기까지는 오랜 시간이 걸리기 때문에 넉넉한 기간의 데이터를 보관하는 것이 좋습니다. 히스토리를 볼 수 있으면 심각한 문제로 발전하기 전에 차이점을 파악하고 문제의 원인을 쉽게 파악할 수 있기 때문입니다.

예를 들어 4주 전에 했던 릴리스에서 요청 처리에 약간의 대기 시간이 추가되었을 수 있습니다. 문제를 일으킬 정도로 중요하지 않지만 최근에 증가한 요청 트래픽과 결합했을 때 요청이 너무 느리게 처리되었고 알림이 발생했습니다. 4주 전에 발생한 초기 대기 시간 증가를 정확히 나타내는 기간별 데이터가 없었다면 문제를 일으킨 릴리스 버전과 변경 사항을 파악할 수 없었을 것입니다. 아니면 문제를 찾기 위해서 코드 전체를 검색하느라 시간을 많이 소비했을 수도 있습니다.

집계 툴과 마찬가지로 모니터링과 로그 데이터 저장에도 다양한 옵션이 있습니다. 스토리지 옵션은 대부분 클라우드 서비스를 기반으로 합니다. 시중 서비스는 클러스터의 스토리지를 위한 작업을 대신해주기 때문에 좋은 옵션이 될 수 있습니다. 그러나 자체 스토리지가 필요할 때도 있는데, 자체 스토리지에서는 데이터 위치와 보존을 정밀하게 제어할 수 있기 때문입니다. 로깅과 모니터링을 위한 오픈 소스 스토리지 공간에서도 여러 가지 옵션을 선택할 수 있습니다. 이 절에서는 시계열 데이터를 유지하기위한 인플럭스 DB^{InfluxDB}와 로그 구조화된 데이터를 저장하기 위한 일래스틱서치^{Elasticsearch} 두 가지만 간략하게 다루겠습니다.

인플럭스 DB

인플럭스 DB는 대량의 데이터를 작고 검색 가능한 형식으로 저장할 수 있는 시계열 데이터베이스입니다. 다양한 운영체제에서 자유롭게 사용할 수 있는 오픈 소스 프로젝트인데, 쉽게 설치할 수 있는 바이너리 패키지로 배포됩니다. 자세한 내용은 다음 문서를 참고하세요.

https://portal.influxdata.com/downloads#influxdb

> **NOTE_ 시계열**^{time series}은 데이터 쌍의 집합으로, 값 1개와 순간적인 값 1개로 이루어져 있습니다. 예를 들어 시간 경과에 따른 프로세스의 CPU 사용량을 나타내는 시계열이 있다고 해봅시다. 각 쌍은 CPU 사용량과 해당 CPU의 순간 사용량을 결합한 형태로 이루어집니다.

인플럭스 DB를 실행할 때 중요한 점은 인플럭스 DB를 쿠버네티스 클러스터 자체에서 컨테이너로 실행할지를 결정하는 것입니다. 이 방법은 일반적으로 권장하는 설치 방법은 아닙니다. 인플럭스 DB를 사용하여 클러스터를 모니터링하므로 클러스터 자체에 문제가 있더라도 모니터링 데이터에 계속 접근할 수 있어야 하기 때문입니다.

일래스틱서치

일래스틱서치[2]는 로그 기반으로 데이터를 수집하고 검색하는 시스템입니다. 시계열 데이터 저장을 목표로 하는 인플럭스 DB와 달리 일래스틱서치는 대량의 비정형 또는 일부만 구조화된 로그 파일을 수집하여 검색 인터페이스에서 사용할 수 있도록 설계되었습니다. 일래스틱서치도 바이너리 패키지로 설치할 수 있습니다. 자세한 내용은 다음 문서를 참고하세요. *https:// www.elastic.co/downloads/elasticsearch*

11.3.4 데이터 시각화와 상호작용

시스템에서 일어나는 일을 이해하기 위해 정보에 접근할 때 흥미를 돋구는 분석 방식으로 접근할 수 없다면 정보를 저장하는 일은 그다지 유용하지 않습니다. 이런 관점에서 시각화는 전체 모니터링 스택에서 중요한 구성 요소입니다. 시각화는 로깅 데이터인지 메트릭 데이터인지에 따라 다릅니다.

일반적으로 메트릭 모니터링 데이터는 시간의 흐름에 따라 몇 가지 메트릭을 표시하는 시계열 값의 통계를 요약하는 막대 그래프로 시각화됩니다. 때로는 긴 시간에 걸친 집계(예: 1주일 동안 매 시간 모든 오류의 합계)로 시각화되기도 합니다. 메트릭을 시각화하기 위한 가장 보편적인 인터페이스는 그라파나 대시보드(*https://grafana.com*)입니다. 오픈 소스인 이 대시보드는 프로메테우스 및 기타 메트릭 소스와 상호작용할 수 있으며 사용자가 직접 대시보드를 만들거나 다른 사용자가 만든 대시보드를 가져올 수 있습니다.

로그 데이터의 경우에 검색 인터페이스는 1회용 쿼리와 로그 데이터 검색에 더 중점을 둡니다. 로깅 데이터를 보기 위해 많이 사용되는 인터페이스 중 하나는 키바나^{Kibana} 웹 프런트엔드 (*https://www.elastic.co/products/kibana*)입니다. 키바나를 사용하면 일래스틱서치에 기록된 데이터를 검색하고 살펴보며 분석할 수 있습니다.

---

2 옮긴이주_ 일래스틱서치는 일반적인 RDB와 비교하여 상당히 빠르다는 큰 장점이 있습니다. 일래스틱서치에 메트릭 비츠(Metric Beats)를 결합하면 로그뿐만이 아니라 CPU, 메모리 사용량 등 메트릭에 대한 정보도 수집할 수 있습니다. 확장 기능(유료)을 사용하면 일래스틱서치에 모아 놓은 로그와 메트릭 시계열 데이터를 활용해서 머신러닝 기법으로 이상 징후를 탐지할 수도 있습니다. 해당 머신러 닝 기법이 궁금하다면 다음 논문을 참고하세요. *http://www.ijmlc.org/papers/398-LC018.pdf*

11.4 모니터링 대상

모니터링 스택을 구성했다면 다음 두 가지 중요한 요소를 고려해야 합니다. 무엇을 모니터링해야 하는가. 그리고 모니터링 대상에 따라 어떤 알림을 띄워야 하는가.

대부분의 소프트웨어를 다룰 때처럼 모니터링 정보를 수집할 때는 계층화된 접근 방식을 취하는 것이 중요합니다. 모니터링할 계층은 물리적 장비[3], 클러스터의 기본 사항, 클러스터 애드온, 최종 사용자의 애플리케이션입니다. 모니터링 스택의 각 계층은 바로 아래 계층의 위에 구축됩니다. 이렇게 만들어졌을 때 문제를 확인하는 방법은 원인이 확인될 때까지 계층을 뛰어다니는 것입니다. 계층을 넘나들며 분석하다가 정상적인 계층에 도달하면(예: 클러스터 내의 모든 물리 장비가 올바르게 동작하는 것처럼 보이는 경우), 문제는 위의 계층(예: 클러스터 인프라)에 있다는 것이 분명해집니다.

방금 설명한 모니터링은 모두 **화이트박스 모니터링**입니다. 이는 시스템과 시스템이 구성된 방법에 관한 상세한 지식을 기반으로 모니터링이 수행되었다는 것을 의미합니다. 시스템의 각 부분은 예상에서 벗어난 부분이 있는지 모니터링되고 결과가 보고됩니다.

화이트박스 모니터링과 대조적으로 블랙박스 또는 탐침 모니터링이 있습니다. 블랙박스 모니터링에서는 시스템이 어떻게 구성되었는지 가정할 수도 없고 알지도 못합니다. 대신 고객이나 사용자와 같은 외부 인터페이스를 사용하고 예상하는 결과를 얻는지 확인합니다. 예를 들어 쿠버네티스 클러스터에 대한 간단한 블랙박스는 클러스터에 파드를 예약하고 파드가 성공적으로 생성되었으며 쿠버네티스 Service로 파드에서 실행 중인 애플리케이션(예: nginx)에 연결할 수 있는지 확인하는 것입니다. 블랙박스 모니터가 성공하면 일반적으로 시스템이 정상이라고 가정할 수 있습니다. 블랙박스 모니터에서 실패하면 시스템에 문제가 있다는 뜻입니다.

블랙박스 모니터링은 시스템 상태에 대한 매우 명확한 상태를 제공하는 가치가 있습니다. 단점은 시스템이 왜 실패했는지 이유를 거의 파악할 수 없다는 것입니다. 따라서 강력하고 유용한 모니터링 시스템을 갖추려면 화이트박스와 블랙박스 모니터링 모두를 결합해야 합니다.

---

3 옮긴이주_ 만약 쿠버네티스를 물리적 장비가 아닌 가상머신(VM) 위에 구축했다면 하이퍼바이저와 VM 내부까지 모니터링을 해야합니다. 가급적 상용 환경에서는 계층을 단순화하는 것이 좋습니다.

11.4.1 모니터링 기계

클러스터를 구성하는 물리 또는 가상 서버는 쿠버네티스 클러스터의 기반이 됩니다. 만약 클러스터의 시스템에 부하가 걸리거나 오작동하면 클러스터 내의 모든 다른 작업부터 의심을 받게 됩니다. 기본 인프라가 올바르게 작동하는지 확인하려면 서버 모니터링은 필수입니다.

다행히 프로메테우스로 서버 통계를 모니터링하는 것은 매우 간단합니다. 프로메테우스 프로젝트에는 각 서버에서 실행할 수 있는 node exporter 데몬(*https://github.com/ prometheus/node_exporter*)이 있으며, 프로메테우스가 스크랩할 수 있도록 커널 및 기타 시스템 소스에서 수집한 기본 정보를 노출합니다. 이 데이터에는 다음과 같은 사항을 포함합니다.

- CPU 사용량
- 네트워크 사용량
- 디스크 사용량과 사용 가능한 여유 공간
- 메모리 사용량
- 기타

node exporter는 깃허브에서 다운로드하거나 직접 빌드할 수 있습니다. 시스템에 node exporter 바이너리가 있으면 간단한 **systemd unit file**을 사용하여 자동으로 데몬이 실행 되게 설정할 수 있습니다.

```
[Unit]
Description=Node Exporter

[Service]
User=node_exporter
EnvironmentFile=/etc/sysconfig/node_exporter
ExecStart=/usr/sbin/node_exporter $OPTIONS

[Install]
WantedBy=multi-user.target
```

node exporter를 실행한 후에는 프로메테우스에서 다음과 같이 클러스터의 각 시스템에서 메트릭을 스크랩할 수 있도록 구성할 수 있습니다.

```
- job_name: "node"
  scrape_interval: "60s"
  static_configs:
  - targets:
    - 'server.1:9100'
    - 'server.2:9100'
    - ...
    - 'server.N:9100'
```

11.4.2 쿠버네티스 모니터링

다행히도 쿠버네티스 인프라의 모든 부분은 프로메테우스 API를 사용하여 메트릭을 노출하고, 클러스터의 쿠버네티스 구성 요소를 자동으로 검색하고, 모니터링하는 데 사용할 수 있는 쿠버 네티스 Service 검색이 있습니다.

```
- job_name: 'kubernetes-apiservers'
  kubernetes_sd_configs:
  - role: endpoints
....
```

Service 검색 방식을 재사용하여 API 서버와 쿠블렛과 같은 클러스터의 여러 다른 구성 요소 에 스크랩을 추가할 수 있습니다.

11.4.3 애플리케이션 모니터링

마지막으로 쿠버네티스 Service 검색을 사용하여 파드 자체에서 메트릭을 찾아 스크랩할 수도 있습니다. 즉, 쿠베 DNS 서버 같이 파드로 실행되도록 설계된 쿠버네티스 클러스터의 일부에 서 메트릭을 자동으로 스크랩하고, 사용자가 실행하는 파드의 모든 메트릭을 자동으로 스크랩 할 수 있습니다. 다시 말해 사용자는 프로메테우스 호환 메트릭을 통합하고 노출할 수 있습니 다. 사용자가 프로메테우스로 자동화된 메트릭 모니터링을 받는 것이 얼마나 쉬운지 알게 되면 다른 모니터링은 사용하지 않게 될 겁니다.

11.4.4 블랙박스 모니터링

앞서 언급했듯이 블랙박스 모니터링은 시스템의 외부 API를 검사하여 올바르게 응답하는지 확인합니다. 이때 시스템의 외부 API는 쿠버네티스 API입니다. 시스템 검사는 쿠버네티스 API에 호출을 수행하는 에이전트가 수행할 수 있습니다. 이 에이전트가 쿠버네티스 클러스터 내에서 실행되는지 여부를 확인하는 것은 어려운 일입니다. 클러스터 에이전트 내에서 실행하면 관리는 훨씬 쉽지만 고장에 취약해집니다. 클러스터 내에서 클러스터를 모니터링하도록 선택한 경우에는 이전 n분 동안 검사가 완료되지 않았을 때 실행되는 알림도 반드시 있어야 합니다. 쿠버네티스 API를 위해 설계할 수 있는 블랙박스 테스트가 많이 있습니다.

간단한 예를 확인하기 위해 다음 스크립트를 살펴보겠습니다.

```bash
#!/bin/bash

# exit on all failures
set -e

NAMESPACE=blackbox

# tear down the namespace no matter what
function teardown {
  kubectl delete namespace ${NAMESPACE}
}
trap teardown ERR

# Create a probe namespace
kubectl create namespace ${NAMESPACE}
kubectl create -f my-deployment-spec.yaml

# Test connectivity to your app here, wget etc.

teardown
```

이 스크립트를 5분마다(또는 다른 간격으로) 실행하여 클러스터가 올바르게 작동하는지 확인할 수 있습니다. 더 완벽한 예제는 이전 스크립트와 유사하게 쿠버네티스 API를 지속해서 테스트하는 애플리케이션을 만드는 것이지만, 프로메테우스 메트릭을 내보내면 블랙박스 모니터링 데이터를 프로메테우스로 스크랩할 수 있습니다.

궁극적으로 블랙박스 테스트의 진짜 한계는 테스트를 설계하고 만들려는 상상력과 의지의 부족입니다. 집필 시점 현재까지도 쿠버네티스 API를 위한 유용한 블랙박스 탐침기를 찾기가 힘듭니다. 이러한 테스트를 설계하고 만드는 것은 여러분에게 달려 있습니다.

11.4.5 스트리밍 로그

모든 메트릭 모니터링 데이터 외에도 클러스터에서 로그를 가져 오는 것이 중요합니다. 여기에는 각 노드의 쿠블렛 로그뿐만 아니라 마스터의 API 서버, 스케줄러, 컨트롤러 관리자 로그와 같은 것이 포함됩니다. 이것들은 일반적으로 /var/log/kube-*.log에 있습니다. 다음과 같은 간단한 플루언트디 설정으로 내보낼 수 있습니다.

```
<source>
  @type tail
  path /var/log/kube-apiserver.log
  pos_file /var/log/fluentd-kube-apiserver.log.pos
  tag kube-apiserver
  ...
</source>
```

또한 클러스터에서 실행 중인 컨테이너가 stdout에 쓰는 모든 데이터를 로깅하는 것도 유용합니다. 기본적으로 도커는 컨테이너의 모든 로그를 /var/log/containers/*.log에 기록하므로 비슷한 플루언트디 설정에서 이 표현식을 사용하여 클러스터에서 실행하는 모든 컨테이너의 로그 데이터도 내보낼 수 있습니다.

11.4.6 알림

모니터링이 제대로 작동하면 이제 알림을 추가해야 합니다. 프로메테우스나 다른 시스템에서 알림을 정의하고 구현하는 것은 이 책에서 다루지 않습니다. 모니터링 경험이 없다면 그와 관련된 다른 책을 별도로 읽어보는 것도 좋습니다.

알림을 정의할 때는 고려해야 할 두 가지 원칙이 있습니다. 첫 번째는 화이트박스 모니터링과 유사하게 신호가 정상 범위의 값에서 벗어날 때 경고하는 것입니다. 예를 들어 API 서버가 일반적으로 사용하는 CPU 사용량을 파악하고 API 서버의 CPU 사용량이 해당 범위를 벗어나면 경고합니다.

이러한 모니터링 접근 방식의 **장점**은 고객에게 영향을 미치기 전에 자주 문제를 발견할 수 있다는 점입니다. 시스템은 치명적인 장애가 발생하기 훨씬 전에 이상해지거나 불량하게 작동하기 때문입니다.

이런 알림 방식의 **단점**은 매우 귀찮다는 것입니다. CPU 사용량과 같은 신호는 매우 다양할 수 있으며, 사용량이 바뀔 때 경고하는 것은 실제로는 문제가 아닐수 있기에, 피곤한 운영자는 양치기 소년 같은 알림에 실망하고 실제 중요한 알림이 올 때 무시하게 될 수 있습니다.

블랙박스 모니터링과 유사한 대체 모니터링 방식은 고객이 보는 신호에 주의를 기울이는 것입니다. 예를 들어 API 서버에 대한 요청 대기 시간 또는 API 서버가 반환하는 403 (인증되지 않은) 응답 수입니다. 이 알림의 장점은 정의상 양치기 소년 알림이 있을 수 없다는 것입니다. 이런 알림은 실제로 문제가 있을 때만 발생합니다. 단점은 고객이 문제를 직면하기 전까지 미리 문제를 알지 못한다는 것입니다.

모든 것과 마찬가지로 알림을 위한 가장 좋은 길은 균형에 있습니다. 이해하기 쉽고 안정적으로 유지되는 신호의 경우 화이트박스 알림은 문제가 발생하기 전에 사전 조치 가능한 중요한 메시지가 됩니다. 반면 블랙박스 알림은 실제 고객에게 문제가 되고 있는 심각한 알림을 제공합니다. 성공적인 알림 방식은 각자의 개별 클러스터를 잘 알게된 후 두 가지 유형의 알림을 결합하는 방식입니다. 그리고 더 중요한 것은 이러한 알림을 최적화하는 것입니다.

11.5 마치며

로깅과 모니터링은 클러스터와 애플리케이션의 성능이나 문제가 있는 위치를 파악하는 데 중요한 구성 요소입니다. 클러스터를 성공적으로 구성한 후에는 적합한 알림과 모니터링 스택 구성이 가장 중요한 우선순위가 되어야 합니다. 쿠버네티스 클러스터 운영자가 자동으로 사용할 수 있는 로깅과 모니터링 스택은 개발자가 신뢰할 수 있는 애플리케이션을 대규모로 배포하고 관리할 수 있게 해주는 중요한 요소입니다.

## CHAPTER 12

재해 복구

여러분은 대부분 쿠버네티스가 부분적으로라도 장애를 자동으로 복구할 수 있는 능력을 가지고 있다고 생각할 것입니다. 물론, 쿠버네티스는 워크로드의 가동 상태를 유지하는 데 훌륭한 역할을 합니다. 그러나 다른 복잡한 시스템과 마찬가지로 쿠버네티스에도 고장의 여지는 항상 있습니다. 쿠버네티스에서 발생하는 고장이 노드의 하드웨어 장애 때문이든 etcd 클러스터의 데이터 손실 때문이든 시스템은 적시에 안정적으로 복구되어야 합니다.

12.1 고가용성

모든 재해 복구 전략의 첫 번째 원칙은 시스템 고장을 최소화할 수 있도록 설계하는 것입니다. 당연히 절대적으로 안전한 시스템을 설계하는 것은 불가능하지만, 우리는 항상 최악의 시나리오를 염두에 두고 구축해야 합니다.

상용 수준의 쿠버네티스 클러스터를 구축할 때는 중요한 구성 요소의 가용성을 꼭 높여야 합니다. 어떤 경우엔 API 서버와 마찬가지로 Active-Active[1] 구성을 할 수도 있지만, 스케줄러 및

---

1   옮긴이주_ 고가용성을 위해 서버를 여러 방식으로 구성할수 있습니다. 이 중 Active-Active는 대기 서버 없이 모든 서버를 사용하는 구성을 의미합니다. 만약 애플리케이션이 개별 상태 정보나 세션 정보를 유지하지 않아도 되게끔(stateless) 동작한다면 Active-Active가 유용합니다. 이 구조에서는 운용 중 서버 한 대에 고장이 발생했을 때 용량이 줄어드는 모습이 나타납니다.

컨트롤러 관리자와 같은 것들은 Active-Passive[2] 방식으로 작동합니다. 이러한 컨트롤 플레인 구성을 적절하게 배치해서 고객이 고장 발생을 알아차리지 못하게 해야 합니다.

마찬가지로 etcd 내부 저장소는 노드 클러스터 3개 또는 5개 구성으로 배포하는 것이 좋습니다. 더 큰 클러스터(단, 항상 홀수 개 노드의 클러스터)를 배포할 수도 있지만 대부분의 경우 3개나 5개 정도의 클러스터로 충분합니다. etcd 클러스터의 장애 허용 범위는 존재하는 노드의 수만큼 늘어납니다. 3개 노드 클러스터의 경우 1개 노드 장애를 허용하며, 5개 노드 클러스터의 경우 2개 노드의 장애를 허용합니다. 한편 etcd 클러스터의 크기가 증가하면 클러스터 성능이 서서히 저하될 수 있습니다. 따라서 클러스터 크기를 선택할 때는 예상되는 etcd 부하 내에 있는지 항상 확인하시기 바랍니다.

> NOTE_ 쿠버네티스 컨트롤 플레인의 고장은 일반적으로 데이터 플레인에 영향을 주지 않습니다. 즉, API 서버, 컨트롤러 관리자, 스케줄러에 장애가 발생해도 파드는 그대로 작동합니다. 다만 대부분의 경우에는 컨트롤 플레인이 정상 상태가 될 때까지 클러스터에서 변경 작업을 수행할 수 없습니다.

12.2 상태

모든 재해 복구 솔루션의 핵심은 '잘 운영되던 이전 상태로 복구하려면 어떻게 해야 하는가'입니다. 그러므로 재해가 발생하면 즉각 운영 상태로 되돌릴 수 있도록 모든 데이터의 복사본을 사전에 준비해야 합니다.

쿠버네티스를 사용하면 클러스터의 운영 상태는 대부분 중앙 집중식으로 etcd 클러스터에 위치하게 됩니다. 따라서 클러스터 운영자는 장애가 발생할 경우 내용을 재구성하기 위해 많은 시간을 할애해야 합니다.

하지만 etcd만 신경써서는 안 됩니다. 배포 중에 생성되거나 경우에 따라 제공되는 일부 정적 키의 백업이 있는지 확인해야 합니다. 안전하게 보관해야 하는 항목은 다음과 같습니다.

---

2   옮긴이주_ Active-Standby라고도 합니다. 언제 고장이 발생할지 모르기에 미리 다른 서버를 대기시키는 방식입니다. 장애 발생을 감지하면 Active에서 Standby 서버로 절체하여 고장을 방지합니다. 애플리케이션의 동작이 개별 상태 정보나 세션 정보가 유지되게끔 (stateful) 동작한다면 Active-Active 구성은 어렵고, 보통 Active-Standby 형태로 구성하게 됩니다.

쿠버네티스 API 서버에서 사용하는 모든 PKI 키

일반적으로 /etc/kubernetes/pki 디렉터리에 있습니다.

모든 시크릿 암호 키

API 서버 파라미터에서 --experimental-encryption-provider-config와 함께 지정되는 정적 파일에 저장됩니다. 이 키가 손실되면 시크릿 데이터를 복구할 수 없습니다.

모든 관리자 자격 증명

쿠베어드민을 포함한 배포 툴 대부분은 정적 관리자 자격 증명을 만들고 쿠베컨피그 파일로 제공합니다. 이러한 데이터는 다시 만들 수도 있지만 클러스터 외부에 안전하게 저장하면 복구 시간을 단축할 수 있습니다.

12.3 애플리케이션 데이터

쿠버네티스 자체를 재구성하는 데 필요한 모든 상태 외에도 스테이트풀 파드를 복구하는 것은 해당 파드와 관련된 퍼시스턴트 데이터를 복구하지 않으면 쓸모가 없습니다.

12.3.1 퍼시스턴트 볼륨

쿠버네티스 내에서 데이터를 유지하는 방법에는 여러 가지가 있습니다. 데이터를 백업하는 방법은 환경에 따라 달라집니다.

예를 들면, 클라우드 서비스에서는 쿠버네티스의 장애와 퍼시스턴트 볼륨의 가용성이 서로 관련이 없다면, 각 퍼시스턴트 볼륨을 해당 파드에 다시 연결하는 것처럼 간단한 방법으로 데이터를 백업할 수도 있습니다. 아니면 볼륨 자체를 백업하는 기본적인 아키텍처에 의존할 수도 있습니다. 예를 들어 세프Ceph 기반 볼륨을 사용하면 데이터 레플리카 여러 개로도 충분할 수 있습니다.

애플리케이션 데이터를 백업하는 방법은 쿠버네티스에서 볼륨을 선택한 방식에 따라 크게 달라집니다. 재해 복구 전략을 폭넓게 수립할 때 이 점을 명심하기 바랍니다.

12.3.2 로컬 데이터

데이터를 백업할 때 사용자가 무심코 하는 일이 하나 있습니다. 바로 중요한 데이터를 노드의 로컬 디스크에 보관하는 것입니다. 특히 네트워크로 연결된 스토리지가 항상 존재하지 않는 사내 구축 환경에서 이런 일이 자주 발생합니다. 로컬 데이터에 적절한 보호 장치가 없으면(예를 들어 PodSecurityPolicys나 일반 어드미션 컨트롤러) 사용자는 emptyDir 또는 hostPath 볼륨을 사용하여 이 데이터의 수명에 잘못된 설정을 할 수 있습니다.

이 문제가 발생할 때 고장은 아닐 수도 있습니다. 워커 노드는 사실상 임시적인 것으로 간주되기 때문입니다. 다만 계획된 노드의 유지 보수나 폐기조차도 사용자에게는 좋지 않은 경험으로 느껴질 수 있으므로 항상 적절한 제어 장치가 필요합니다.

12.4 워커 노드

워커 노드는 교체할 수 있는 노드입니다. 워커 노드용 재해 복구 전략을 설계할 때는 워커 노드를 안정적으로 다시 만들 수 있는 프로세스를 마련해야 합니다. 쿠버네티스를 클라우드 제공업체의 서비스에서 배포했다면 이 작업은 새 인스턴스를 시작하거나 해당 워커를 컨트롤 플레인에 연결하는 일만큼 간단합니다. 베어 메탈 환경(또는 API 지향 인프라가 없는 환경)에서는 이 프로세스가 번거로울 수도 있지만 대부분 동일합니다.

---

3 옮긴이주_ v1.14 릴리스 기준으로 쿠버네티스 볼륨 스냅샷에 대한 내용을 살펴볼 수 있습니다. 자세한 내용은 다음 문서를 참고하세요. https://kubernetes.io/docs/concepts/storage/volume-snapshots/

노드에 장애가 발생할 것 같거나 유지 보수 작업을 수행해야 하는 경우에 쿠버네티스는 도움이 될 만한 명령어 두 가지를 제공합니다.

첫째, 특히 고분쟁 클러스터high-churn clusters에서 중요한 요소인 kubectl cordon은 노드를 스케줄링할 수 없게 만듭니다. 이는 워커 노드의 복구 작업에 영향을 주지 않도록 새로운 파드를 생기지 않게 합니다. 둘째, kubectl drain 명령을 사용하면 대상 노드에서 실행 중인 모든 파드를 제거하고 스케줄을 변경할 수 있습니다. 이 명령어는 클러스터에서 노드를 제거하고 싶을 때 유용합니다.

12.5 etcd

etcd 클러스터는 데이터 세트의 여러 레플리카를 보유하므로 전체 장애가 발생하는 일은 비교적 드뭅니다. 그러나 etcd 백업은 상용 클러스터에서 항상 모범 사례로 손꼽힙니다.

다른 데이터베이스와 마찬가지로 etcd는 디스크에 데이터를 저장하며, 이 데이터를 백업하는 방법은 여러 가지가 있습니다. 가장 낮은 수준에서는 블록과 파일 시스템 스냅샷을 사용할 수 있습니다. 그러나 백업을 시도할 때는 상당한 준비가 필요합니다. 두 가지 경우 모두 백업을 수행하려는 etcd 노드에서 etcd 프로세스를 중지하여 etcd가 중지되었는지 확인해야 합니다. 또한 전송 중인 모든 데이터가 저장되었는지 확인하려면 먼저 기본 파일 시스템을 중지해야 합니다. 꽤 귀찮은 일이 될 수 있습니다.

이 방법은 내부 etcd를 저장하는 네트워크로 연결된 블록 장치에서 유용하게 사용할 수 있습니다. 퍼블릭 클라우드 환경에 구축된 많은 클러스터는 복구 시간을 단축하기 때문에 이 방법을 사용합니다. 사용자는 디스크의 데이터를 백업으로 대체하는 대신 기존의 etcd 데이터 볼륨을 새로운 etcd 노드로 다시 연결하기만 하면 됩니다. 그런 후에 운이 좋으면 다시 정상 상태로 돌아옵니다. 이 해결책은 효과가 있을 수 있지만 이상적이지 않은데, 여러 가지 이유가 있습니다. 가장 중요한 것은 데이터 일관성을 둘러싼 우려 때문입니다. 제대로 실행하기가 상대적으로 어려운 방법이기 때문입니다.

가장 일반적으로는 복구 시간이 약간 더 길지만 기본적인 etcd 명령줄 툴을 이용할 수 있습니다.

```
ETCDCTL_API=3 etcdctl --endpoints $ENDPOINT snapshot save etcd-`date +%Y%m%d`.db
```

이 방법은 동작 중인 etcd 노드에 실행될 수 있으며 결과 파일은 클러스터와 별개로 오브젝트 스토리지와 같은 안정적인 위치에 저장되어야 합니다.

복구가 필요한 경우 적절한 이름의 **restore** 명령을 실행하기만 하면 됩니다.

```
ETCDCTL_API=3 etcdctl snapshot restore etcd-$DATE.db --name $MEMBERNAME
```

새 클러스터의 교체 노드 각각에 이 작업을 수행하기 바랍니다.

이러한 백업 전략은 모두 실행할 수 있지만 그 전에 중요한 사항 세 가지를 고려해야 합니다.

먼저, 두 방법 모두 백업할 때 전체 etcd 키 공간을 백업한다는 사실에 유의합시다. 백업 시점에서는 etcd 상태와 완전히 동일한 사본을 만듭니다. 일반적인 백업의 목표는 동일한 복제본을 만드는 것이지만, 실제로 어떤 경우에는 전체 백업/복구를 원하지 않을 수도 있습니다. 단순히 상용 네임스페이스를 빨리 가져오려는 것일 수도 있습니다. 그렇더라도 복구 과정에서는 어쩔 수 없이 무차별적으로 복구하게 됩니다.

둘째, 모든 유형의 데이터베이스 백업과 마찬가지로 백업 중에 사용되는 애플리케이션(여기서는 쿠버네티스 자체)이 백업 중에 정지되지 않으면, 백업 저장소에 일관되게 적용되지 않은 일시적인 상태가 발생할 수 있습니다. 이런 상태가 큰 문제가 될 가능성은 적지만 그럼에도 불구하고 존재한다는 것은 알아둡시다.

마지막으로 쿠버네티스 집계 API 서버를 활성화했거나 etcd를 지원하는 칼리코 방식을 사용하는 경우(둘 다 자체 etcd 인스턴스를 사용함), 클러스터의 기본 etcd 엔드포인트만 대상 지정하면 백업이 되지 않습니다. 해당 데이터를 캡처하고 복구하기 위한 추가 전략이 필요합니다.

> **NOTE_** 클라우드 업체에서 서비스로 관리되는 쿠버네티스 제공 방식을 사용하는 경우 etcd에 직접 접근하지 못하거나 etcd를 지원하는 디스크에 접근할 수 없습니다. 이런 경우에는 다른 백업과 복구 방법을 사용해야 합니다.

12.6 아크

쿠버네티스 클러스터의 백업과 복구에 널리 사용되는 특수 목적 툴이 있습니다. 바로 헵티오 ^{Heptio}의 아크^{Ark}(*https://github.com/heptio/ark*)[4]입니다. 이 툴은 쿠버네티스 리소스 데이터 관리뿐만 아니라 애플리케이션 데이터를 관리하는 프레임워크 역할도 합니다.

지금까지 설명한 방법과 다른 점은 아크가 쿠버네티스를 이해하고 있다는 점입니다. 아크는 맹목적으로 etcd 데이터를 백업하는 대신 쿠버네티스 API를 활용하여 백업을 수행합니다. 이렇게 하면 데이터가 항상 일관성 있게 유지되고 더욱 선택적으로 백업 전략을 사용할 수 있습니다. 몇 가지 예를 들어보겠습니다.

부분 백업과 부분 복구

아크는 쿠버네티스를 인식하므로 고급 백업 전략을 수립할 수 있습니다. 예를 들어 상용 워크로드만 백업하려는 경우 간단한 레이블 셀렉터를 사용할 수 있습니다.

```
ark backup create prod-backup --selector env=prod
```

이렇게 하면 env=prod 레이블이 있는 모든 리소스가 백업됩니다.

새로운 환경으로 복구

아크는 백업본을 완전히 새로운 클러스터나 기존 클러스터 내의 새 네임스페이스에 복구할 수 있습니다. 재해 복구라는 목적 이외에 흥미로운 테스트 용도로도 쉽게 사용할 수 있습니다.

부분 복구

다운타임이 발생할 경우에는 가장 중요한 시스템을 먼저 복구하는 것이 좋습니다. 부분 복구 기능을 사용하면 아크로 복구할 리소스의 우선순위를 지정할 수 있습니다.

퍼시스턴트 데이터 백업

아크는 다양한 클라우드 공급자와 통합되어 퍼시스턴트 볼륨을 스냅샷으로 자동 생성할 수 있습니다. 또한 스냅샷을 찍기 전과 후에 파일 시스템을 고정하는 작업을 수행하기 위한 훅 메커니즘도 포함합니다.

----

4 옮긴이주_ 2019년 3월 1일, v0.11.0부터 아크는 Velero로 이름을 변경했습니다. 자세한 Velero의 백업 동작은 다음 문서를 참고하세요. *https://heptio.github.io/velero/v0.11.0/about*

백업 스케줄링

클러스터에 올려져 있는 서비스들이 관리 중인 상태에서 아크는 백업 스케줄링을 할 수 있습니다. 이 기능은 정기적으로 백업을 수행하는 데 특히 유용합니다.

클러스터 외부 백업

아크는 다양한 S3 호환 오브젝트 스토리지 솔루션과 통합됩니다. 이러한 솔루션은 클러스터에서 실행할 수 있지만 장애 발생 시에 이러한 백업을 사용할 수 있도록 외부에 백업해두는 것이 좋습니다.

이 모든 것이 필요하지는 않겠지만 여러분은 아크가 제공하는 다양한 기능 중에서 백업 솔루션에 적합한 부분을 선택해 사용할 수 있습니다.

12.7 마치며

쿠버네티스 클러스터의 재해 복구 전략을 수립할 때는 고려해야 할 영역이 많습니다. 대응 전략의 설계 방법은 어떤 보완 기술을 선택했는지와 특정 유스 케이스의 세부 환경에 따라서도 달라집니다. 이러한 기능을 구축할 때는 완전히 자동화된 솔루션으로 구축하고, 상용 시스템을 완전히 복구할 수 있도록 주기적으로 모의 훈련을 해야 합니다. 반복 훈련은 고장을 대비할 뿐만 아니라 전체 구축 전략을 큰 틀에서 생각할 수 있게 합니다. 물론, 앞서 설명한 복구 기술들을 사용할 일이 없기를 바랍니다. 하지만 어쩔 수 없이 복구해야 할 일이 생긴다면 여러분은 이미 연습했으니 훨씬 잘 대응할 것입니다.

## CHAPTER 13

쿠버네티스 확장하기

쿠버네티스에는 분산 시스템을 구축하고 운영하는 데 필요한 많은 기능을 제공하는 풍부한 API가 있습니다. 그러나 API는 범용적으로 개발되다 보니 보통 80% 정도만 되어도 목표를 달성하는 수준입니다. 쿠버네티스에 있는 다양한 애드온 및 확장 기능을 활용하면 의미 있는 새 기능을 추가할 수 있고 클러스터 사용자에게 새로운 경험을 선사할 수도 있습니다. 아니면 각자 환경이나 특정 요구에 맞게 사용자 정의 애드온 및 확장 기능을 직접 만들어 볼 수도 있습니다.

13.1 쿠버네티스 확장 포인트

쿠버네티스 클러스터를 확장하는 방법에는 여러 가지가 있는데, 각 방법은 서로 다른 기능을 제공하며 운영을 복잡하게 만듭니다. 이번 절에서는 다양한 확장 포인트를 자세히 알아보고 클러스터의 기능을 확장하는 방법과 운영상 필요한 추가 요구 사항을 살펴보겠습니다.

확장 방식에는 다음과 같이 4가지 유형이 있습니다.

- 자동화에 필요한 클러스터 데몬
- 확장 기능에 필요한 클러스터 도우미
- API 서버의 생명 주기 확장
- 더 많은 API 추가

물론 이렇게 나눈 기준은 다소 임의적이며 클러스터에 추가 기능을 제공하기 위해 여러 종류의 확장 방식을 결합해 다양하게 확장이 가능합니다. 앞서 나열한 4가지 유형은 쿠버네티스 클러스터 확장을 위한 논의와 계획을 설명하기 위한 것입니다. 엄격하고 융통성 없는 규칙이라기보다는 권고 사항이라고 생각하면 좋습니다.

13.2 클러스터 데몬

가장 간단하고 일반적인 클러스터 확장 방식은 클러스터 데몬입니다. 한 시스템에서 실행 중인 데몬 또는 에이전트가 해당 시스템에 자동화(예: 로그 롤링)를 추가하는 것처럼, 클러스터 데몬은 자동화 기능을 클러스터에 추가합니다. 클러스터 데몬에는 두 가지 특징이 있습니다. 에이전트는 쿠버네티스 클러스터 자체에서 실행되어야 하며, 에이전트는 별도의 작업이 없이도 클러스터의 모든 사용자에게 자동으로 제공되는 기능을 클러스터에 추가해야 합니다.

클러스터 데몬을 쿠버네티스 클러스터에 배포하기 위해 클러스터 데몬 자체는 컨테이너 이미지로 패키지화됩니다. 그런 다음 쿠버네티스 구성 오브젝트로 만들어지고 `DaemonSet` 또는 `Deployment`로 클러스터에서 실행됩니다. 일반적으로 이러한 클러스터 데몬은 클러스터의 사용자가 접근할 수 없도록 전용 `Namespace`에서 실행되지만, 경우에 따라 사용자는 자신의 `Namespace`에 클러스터 데몬을 설치할 수도 있습니다. 이러한 데몬을 모니터링, 업그레이드, 유지 보수해야 할 경우 클러스터 데몬도 쿠버네티스 클러스터에서 실행되는 다른 모든 애플리케이션과 똑같이 유지 관리됩니다. 이러한 방식으로 에이전트를 실행하게 되면 쿠버네티스에서 애플리케이션을 더 쉽게 실행할 수 있는 기능을 클러스터 데몬에서도 모두 사용할 수 있으므로 더욱 안정적입니다. 또한 동일한 툴을 사용하여 에이전트와 애플리케이션을 모니터링하고 유지 관리하므로 일관성도 높아집니다.

다음 절에서는 쿠버네티스 클러스터에서 실행되는 프로그램으로 클러스터를 확장하거나 향상시킬 수 있는 방법을 살펴보도록 하겠습니다. 추가로 클러스터 에이전트나 데몬이 다른 확장 방식과 구별되는 점은 에이전트가 제공하는 기능이 추가적인 사용자 작업 없이 클러스터 내 또는 네임스페이스 내의 모든 오브젝트에 적용된다는 것입니다. 이러한 기능은 자동으로 활성화되며 사용자는 데몬이 존재한다는 것을 알지 못해도 기능을 적용할 수 있는 경우가 많습니다.

13.2.1 클러스터 데몬 유스 케이스

사용자에게 자동으로 제공할 수 있는 다양한 기능이 있습니다. 좋은 예로는 프로메테우스를 노출하는 서버에서 자동으로 메트릭을 수집하는 경우를 들 수 있습니다. 쿠버네티스 클러스터 내에서 프로메테우스를 실행하고 쿠버네티스 기반 **Service** 검색을 수행하도록 구성하면, 프로메테우스는 클러스터 데몬으로 작동하고 클러스터의 모든 파드를 자동으로 검색하여 수집해야 하는 메트릭을 찾습니다. 이를 위해 쿠버네티스 API 서버를 주시하여 새로운 파드가 생성되거나 종료되는 것을 발견합니다. 따라서 프로메테우스 클러스터 에이전트가 있는 쿠버네티스 클러스터 내에서 실행되는 모든 애플리케이션은 개발자가 수동으로 구성하거나 활성화하지 않아도 자동으로 수집한 메트릭을 가지게 됩니다.

클러스터 데몬의 또 다른 예로는 클러스터에 배포된 서비스를 검색하여 사이트 간 스크립팅cross-site scripting(XSS) 취약성을 찾는 에이전트입니다. 이 클러스터 데몬은 새로운 인그레스(HTTP 로드 밸런서) 서비스가 생성될 때를 기다리며 쿠버네티스 API 서버를 주시합니다. 이러한 인그레스 서비스가 생성되면 XSS가 취약한 웹 페이지를 찾기 위해 서비스의 모든 경로를 자동으로 검색하고 사용자에게 보고합니다. 다시 말하지만, 이 기능은 클러스터 데몬이 제공하기 때문에, XSS가 무엇인지 알아야 한다거나 취약성이 있는 서비스를 배포할 때까지 검색이 수행되고 있다는 것을 알 필요 없이 클러스터를 사용하는 개발자에 의해 상속됩니다. 13.2.4절에서 예제를 작성하는 방법을 확인할 수 있습니다.

클러스터 데몬은 자동으로 기능을 추가할 수 있기 때문에 강력합니다. 몇몇 개발자는 이를 배워야 하지만 대신 환경에서 자동으로 상속받을 수 있으므로 애플리케이션의 안정성과 보안성이 향상됩니다.

13.2.2 클러스터 데몬 설치

클러스터 데몬 설치는 컨테이너 이미지 및 쿠버네티스 구성 파일로 수행됩니다. 이러한 구성은 클러스터 운영자가 개발하거나, 헬름과 같은 패키지 관리자가 제공하거나, 서비스 개발자(예: 오픈 소스 프로젝트 또는 독립 소프트웨어 공급 업체)가 제공할 수 있습니다. 일반적으로 클러스터 운영자는 kubectl 툴을 사용하여 클러스터에 데몬을 설치합니다. 설치 과정에는 라이선스 키 또는 검색할 Namespace와 같은 몇 가지 추가 구성 정보가 필요할 수 있습니다. 설치가 완료되면 데몬은 즉시 클러스터에서 작업을 시작하고 이후의 모든 데몬 업그레이드, 복구, 제거는 다른 애플리케이션과 마찬가지로 쿠버네티스 구성 오브젝트로 수행됩니다.

13.2.3 클러스터 데몬 운영 시 고려 사항

클러스터 데몬 설치는 일반적으로 단 하나의 명령어로 할 수 있을 정도로 간단합니다. 하지만 이러한 데몬을 추가하여 발생하는 운영상의 복잡성은 상당히 커질 수 있습니다. 클러스터 애드온의 자동적인 특성은 양날의 검입니다. 사용자는 이러한 기능에 빠르게 의존하게 되므로 클러스터 데몬 애드온의 운용상 중요성이 커집니다. 즉, 일부 클러스터 데몬은 운영자 개입 없이도 내부적으로 알아서 처리되고 모든 처리 과정을 외부로 표출하지 않는 특성에 가치가 있지만, 그러다보면 사용자는 데몬의 오류를 알아차리지 못할 수도 있습니다. 예를 들어 보안 체계가 클러스터 데몬으로 자동화된 XSS 검색을 기반으로 하는데, 해당 클러스터 데몬이 자동으로 멈추는 경우를 가정해보겠습니다. 갑자기 전체 클러스터에 대한 모든 XSS 검색이 비활성화될 수 있습니다. 클러스터 데몬을 설치하면 시스템의 신뢰성에 대한 책임이 개발자에서 클러스터 운영자에게로 넘어갑니다. 일반적으로 이 작업은 확장 기능에 대한 지식이 중앙 집중식으로 관리되는 경우에, 다수의 다른 팀과 공유하는 서비스를 단일 팀에서 구축할 수 있게 해주는 바람직한 작업입니다. 하지만 클러스터 운영자는 책임을 지고 있기에 자신이 어떤 것을 허용했는지 알고 있어야 합니다. 즉흥적으로 클러스터 데몬을 설치하거나 어떤 사용자가 요청한다고 해서 클러스터 데몬을 설치할 수는 없습니다. 또한 클러스터의 수명 동안 해당 클러스터 데몬의 운영 관리 및 지원에 완전히 전념해야 합니다.

13.2.4 클러스터 데몬 생성 예제

클러스터 데몬은 굳이 어렵게 만들지 않아도 됩니다. 실제로 단일 시스템에서 실행할 수 있는 간단한 bash 스크립트는 클러스터 데몬으로 쉽게 변환할 수 있습니다. 예를 들어 다음 스크립트를 살펴보겠습니다.

```bash
#!/bin/bash
for service in $(kubectl --all-namespaces get services | awk '{print $0}'); do
  python XssPy.py -u ${service} -e
done
```

이 스크립트는 클러스터의 모든 서비스를 나열한 다음 오픈 소스 XSS 검색 스크립트(*http://bit.ly/2P4XuH0*)를 사용하여 각 서비스를 검색하고 보고서를 인쇄합니다.

이 스크립트를 클러스터 데몬으로 바꾸려면 이 스크립트를 루프loop에 배치하고(물론 약간의 지연은 있지만) 보고하는 방법을 지정하기만 하면 됩니다.

```bash
#!/bin/bash
# Start a simple web server
mkdir -p www
cd www
python -m SimpleHTTPServer 8080 &
cd ..

# Scan every service and write a report.
while true; do
  for service in $(kubectl --all-namespaces get services | awk '{print $0}'); do
    python XssPy.py -u ${service} -e > www/${service}-$(date).txt
  done
  # Sleep ten minutes between runs
  sleep 600
done
```

이 스크립트를 파드로 패키지하여 클러스터에서 실행하면, 파드에서 사용할 수 있는 XSS 보고서 모음을 가질 수 있습니다. 물론 위 스크립트를 실제로 제작하려면 중앙 저장소에 파일을 업로드하거나 모니터링과 경고를 설정하는 등 다른 작업이 많이 필요합니다. 하지만 이 예제는 쿠버네티스 전문가에게는 클러스터 데몬을 구축하는 일이 복잡한 작업이 될 필요는 없다는 것을 보여주는 것입니다. 작은 쉘 스크립트와 파드만 있으면 됩니다.

13.3 클러스터 어시스턴트

클러스터 어시스턴트cluster assistants는 클러스터 데몬과 매우 유사합니다. 하지만 클러스터의 모든 사용자가 기능을 자동으로 사용할 수 있도록 설정된 클러스터 데몬과 달리, 클러스터 어시스턴트에서는 사용자가 어시스턴트의 제공 기능을 선택하기 위해 일부 설정값을 제공하거나 표시해야 합니다. 클러스터 어시스턴트는 자동화된 환경을 제공하진 않지만, 대신 클러스터 사용자에게 더 풍부하면서도 쉽게 접근할 수 있는 기능을 제공합니다. 이때 사용자는 반드시 이 기능을 알아야 하며 기능을 사용하기 위해 적절한 정보를 제공해야 합니다.

13.3.1 클러스터 어시스턴트 유스 케이스

클러스터 어시스턴트의 유스 케이스는 일반적으로 사용자가 일부 기능만을 사용하려는 경우입니다. 개별 기능을 사용하도록 설정하는 작업은 필요 이상으로 훨씬 어렵고 느리거나 복잡하고 오류가 발생하기 쉽습니다. 이러한 상황에서 어시스턴트는 이 프로세스를 자동화하여, 더 쉽게 자동으로 '잘라내고 붙여넣기'나 기타 설정 오류로 인한 어려움을 덜 수 있도록 합니다. 어시스턴트는 클러스터에서 지루한 작업을 단순화하여 원하는 바를 더 쉽게 해낼 수 있게 도와줍니다.

이러한 방식의 구체적인 예로, 쿠버네티스 클러스터의 HTTP 서비스에 SSL 인증서를 추가하는 데 필요한 사항을 가정해보겠습니다. 첫째, 사용자는 인증서를 얻어야 합니다. 레츠 인크립트Let 's Encrypt[1]와 같은 API를 사용하면 이 작업이 훨씬 쉬워지지만, 여전히 사용자가 툴을 설치하고 서버를 설정하고 도메인을 설정해야 하는 적지 않은 작업을 해야합니다. 하지만 인증서를 얻은 후에도 여전히 끝나긴 않습니다. 웹 서버에 배포하는 방법을 알아야 합니다. 일부 개발자는 모범 사례를 따를 수 있으며, 그러면 쿠버네티스 인그레스를 알게 되고, 쿠버네티스 시크릿을 만들고, 인증서를 HTTP 로드 밸런서와 연결하게 됩니다. 그러나 다른 개발자는 쉽지만 안전하지 않은 방식을 택하고 인증서를 컨테이너 이미지에 직접 넣을 수도 있습니다. 아직도 어떤 사람은 인증서 방식이 복잡하다고 불만을 품고 SSL이 실제로 자신의 유스 케이스에 필요하지 않다고 판단할 수도 있습니다.

결과에 관계없이 개발자의 추가 작업과 SSL의 다양한 구현 방식은 불필요한 위험 요소입니다. 대신 SSL 인증서를 공급하고 배포하는 과정을 자동화하는 클러스터 어시스턴트에 추가하면 개발자가 해야하는 일의 복잡성을 줄이고, 클러스터의 모든 인증서가 모범 사례를 따르는 방식으로 획득, 배포, 순환시킬 수 있습니다. 그러나 클러스터 어시스턴트가 올바르게 작동하려면, 클러스터 어시스턴트로 클러스터의 최종 사용자(위의 경우 인증서의 도메인 이름)와 로드 밸런서에 SSL을 연결하도록 명시적으로 요청해야 합니다. 이러한 어시스턴트는 오픈 소스 cert-

---

1 옮긴이주_ 무료로 TLS 인증서를 발급해주는 기관입니다. 보안을 위해 http를 https로 전환하기 위해서는 인증서가 필요합니다. 자세한 내용은 다음 문서를 참고하세요. *https://letsencrypt.org*

manager 프로젝트(*https://github.com/jetstack/cert-manager*)로 구현됩니다.

클러스터 어시스턴트는 클러스터 운영자가 관련 지식과 모범 사례를 중앙 집중화하고 복잡한 클러스터 구성을 단순화하는데 도움을 줍니다. 이는 사용자의 질문을 줄이며 클러스터에 배포된 모든 서비스가 공통된 모양과 느낌을 갖도록 보장합니다.

13.3.2 클러스터 어시스턴트 설치

클러스터 어시스턴트와 클러스터 데몬의 차이점은 구현 방법이 아닌 상호작용 패턴에서 비롯된 것이므로 클러스터 어시스턴트 설치는 클러스터 데몬 설치와 거의 동일합니다. 클러스터 어시스턴트도 컨테이너 이미지로 패키지되고 디플로이먼트 및 파드와 같은 표준 쿠버네티스 API 오브젝트로 배포됩니다. 클러스터 데몬과 마찬가지로 클러스터 어시스턴트의 유지 보수, 운영, 제거도 쿠버네티스 API로 관리합니다.

13.3.3 클러스터 어시스턴트 운영 시 고려 사항

클러스터 데몬과 마찬가지로 클러스터 어시스턴트도 클러스터 운영자가 운영 책임을 져야 합니다. 어시스턴트도 최종 사용자에게는 내부 복잡성을 보여주지 않으므로 최종 사용자는 인증서 설치와 같은 작업을 실제로 어떻게 구현하는지 세부 방법을 전혀 인식하지 못합니다. 즉, 어시스턴트가 올바르게 작동하는 게 아주 중요합니다. 최종 사용자는 관련 경험과 지식이 부족하기 때문에 유사한 작업을 자체적으로 수행할 수 없다고 가정해야 합니다. 그런데 이 기능은 옵트인opt-in[2] 방식이기 때문에 사용자는 무언가가 작동하지 않는다는 사실을 눈치 챌 가능성이 훨씬 높기도 합니다. 예를 들어 사용자가 SSL 인증서를 요청했지만 도착하지 않은 경우를 생각해볼 수 있습니다. 이는 클러스터 운영자의 운영 부담이 절대 줄어들지 않는다는 것을 보여줍니다. 클러스터 어시스턴트 인프라를 사전에 모니터링하고 복구해야 하지만, 만약 문제가 생기면 사용자가 알아차리고 주의를 기울일 가능성은 더 커집니다.

....

2 옮긴이주_ 사용자의 동의를 사전에 받는 방식. 반대로 옵트아웃(opt-out)은 묵시적으로 기능 제공에 동의한다고 보고 기능을 제공하다가 사용자가 거부하면 제공을 철회하는 비즈니스 모델입니다.

13.3.4 클러스터 어시스턴트 예제

이를 더 구체적으로 설명하기 위해 쿠버네티스 Service에 인증을 자동으로 추가하는 예제 클러스터 어시스턴트를 만들어보겠습니다. 이 어시스턴트의 기본 작동은 클러스터의 Service 오브젝트 목록을 지속적으로 검색하여 특정 주석 키(managing-k8s.io/authentication-secret)가 있는 오브젝트를 찾습니다. 이 키의 값은 .htpasswd 파일이 포함된 쿠버네티스 시크릿을 가리킬 것으로 예상됩니다. 예를 들어 다음과 같습니다.

```
kind: Service
metadata:
  name: my-service
  annotations:
    managing-k8s.io/authentication-secret: my-httpasswd-secret
...
```

클러스터 어시스턴트가 이러한 주석을 발견하면 두 개의 새로운 쿠버네티스 오브젝트가 생성됩니다. 먼저, 복제된 nginx 웹 서버 파드가 포함된 Deployment를 만듭니다. 이러한 파드는 주석에서 시크릿이 참조한 .htpasswd 파일을 가져와서 nginx를 역방향 프록시로 구성하고 이 프록시는 트래픽을 my-service로 전달하지만 .htpasswd 파일에 지정된 사용자 이름과 비밀번호가 필요합니다. 또한 클러스터 어시스턴트는 이 인증 계층에 트래픽을 보내는 authenticated-my-service라는 쿠버네티스 Service를 만듭니다. 이렇게 하면 사용자는 인증된 서비스를 외부에 노출할 수 있고 nginx를 구성하는 방법을 걱정할 필요 없이 인증 받을 수 있습니다. 물론 기본 인증은 매우 간단한 예제입니다. OAuth[3]나 더욱 정교한 인증 엔드포인트로 확장하는 것을 쉽게 생각해볼 수 있을 겁니다.

13.4 API 서버의 생명 주기 확장

이전 예제는 클러스터 위에서 실행되는 애플리케이션이었지만 이러한 클러스터 확장으로는 한계가 있습니다. 더 많은 확장을 하기 위해서는 API 서버 자체의 동작을 확장해야 합니다. 이러

---

3 옮긴이주_ OAuth는 인터넷 사용자가 비밀번호를 제공하지 않고 다른 웹사이트 상의 자신의 정보에 대해 웹사이트나 애플리케이션의 접근 권한을 부여하는 수단으로써 사용되는 접근 위임을 위한 개방형 표준입니다(출처: 위키피디아 *https://ko.wikipedia.org/wiki/OAuth*). 예를 들어 사이트 로그인 시, '페이스북 계정/구글 계정으로 로그인하기' 등이 OAuth를 이용해 동작합니다.

한 확장은 API 서버 자체에서 처리되므로 모든 API 요청에 직접 적용할 수 있습니다. 클러스터에 추가 확장성도 높아지게 됩니다.

13.4.1 API 생명 주기 확장 유스 케이스

API 생명 주기 확장은 API 서버 경로에 존재하기 때문에 이를 사용하여 서비스에서 생성된 모든 API 오브젝트에 대한 요구 사항을 적용할 수 있습니다. 예를 들어 클러스터에서 실행되는 모든 컨테이너 이미지가 회사 내의 개인 레지스트리에서 제공되고 이름 지정 규칙이 유지되고 있는지 확인하려고 한다고 가정해봅시다. 예를 들어 모든 이미지의 형식을 registry.my-co.com/<team-name>/<server-name>:<git-hash>로 지정할 수 있습니다. 여기서 registry.my-co.com은 회사에서 운영하는 개인 이미지 레지스트리입니다. <team-name> 및 <server-name>은 잘 알려진 팀 이름 및 해당 팀에서 개발한 애플리케이션이며, 마지막으로 <git-hash>는 소스 제어 커밋 해시로 이미지가 만들어진 리비전을 나타냅니다. 이러한 이미지가 요청되었을 때 개발자가 인증되지 않은 공개 이미지 저장소에 상용 이미지를 저장하지 못하도록 하고, 이름 지정 규칙을 사용하면 이전에 설명한 XSS 검색과 같은 모든 애플리케이션에서 통보해야 하는 메타데이터에 접근할 수 있습니다. git-hash를 요구하면 개발자는 확인된(즉, 코드 검토) 소스 코드로만 이미지를 빌드하고 실행 중인 이미지에서 실행 중인 소스 코드로 쉽게 이동할 수 있습니다.

이 기능을 구현하기 위해 사용자 정의 어드미션 컨트롤러를 등록할 수 있습니다. 어드미션 컨트롤러는 66쪽 승인 제어에 설명되어 있습니다. 어드미션 컨트롤러는 API 요청이 API 서버에 승인되는지 혹은 허용되는지 여부를 결정합니다. 이 경우 image 필드(Pod, Deployment, DaemonSets, ReplicaSets, StatefulSets)가 포함된 모든 API 오브젝트에 대해 실행되는 어드미션 컨트롤러를 등록할 수 있습니다. 어드미션 컨트롤러는 이러한 오브젝트의 image 필드를 조사하여 해당 오브젝트가 방금 설명한 이름 지정 규칙과 일치하는지, 이미지 이름의 다양한 구성 요소가 유효한지 확인합니다(예를 들어 team-name이 알려진 팀과 연결되어 있고, git-hash가 팀 리포지터리 릴리스 브랜치 중 하나인지 확인합니다).

13.4.2 API 생명 주기 확장 기능 설치

API 생명 주기 확장을 설치할 때는 크게 두 개 부분으로 나뉩니다. 첫 번째는 웹훅 호출을 처리 할 Service를 만드는 것이고 두 번째는 확장을 추가하는 새로운 쿠버네티스 API 오브젝트를 만드는 것입니다. API 서버에서 웹훅 호출을 처리하는 Service를 만들려면 적절하게 응답할 수 있는 웹 서비스를 만들어야 합니다. 이를 위해 클라우드 제공 업체의 FaaS, 클러스터 자체의 FaaS 구현(예: OpenFaaS), 자주 사용하는 프로그래밍 언어로 구현된 표준 웹 애플리케이션에 이르기까지 다양한 방법이 있습니다. 웹훅 핸들러에 대한 요구 사항 및 운영과 비용 요구 사항에 따라 각기 다른 결정을 내릴 수 있습니다. 예를 들어 클라우드 기반 FaaS를 사용하는 것이 설치 및 운영 측면에서 가장 쉽지만 각 호출마다 비용이 필요합니다. 반면에 이미 클러스터에서 오픈 소스 FaaS가 구현되어 실행 중에 있으면 웹훅을 실행할 수 있는 타당한 위치입니다. 그러나 운영 지원 시스템(OSS) FaaS를 설치하고 유지 관리하는 일은 일의 가치보다 부담이 되어 배보다 배꼽이 커지는 현상을 마주할 수 있습니다. 단 몇 개의 웹훅만 있고 간단한 웹 서버를 실행하는 것이 더 올바른 선택일 수 있습니다. 상황에 따라 맞는 선택을 해야 합니다.

13.4.3 생명 주기 확장 시 고려 사항

운영 관점에서 보면 두 가지 복잡성이 있습니다. 웹훅을 처리하기 위해 Service를 실행하는 데에서 첫 번째 분명한 복잡성이 있습니다. 운영 책임은 특정 웹훅을 실행하는 위치에 따라 앞서 설명한 대로 달라집니다. 그럼에도 불구하고 최소한의 애플리케이션 관점의 안정성(예: 500번대 오류를 반환하지 않음)을 위해 웹훅을 모니터링해야 합니다. 두 번째 복잡성은 더욱 미묘하며, API 서버의 핵심 경로에 코드를 삽입해야 합니다. 사용자 정의 어드미션 컨트롤러를 구현했는데, 충돌이 발생하고 500번대 오류를 반환하면, 이 어드미션 컨트롤러를 사용하는 API 서버에 대한 모든 요청이 실패하기 시작합니다. 이러한 이벤트는 클러스터의 올바른 작동에 심각한 영향을 줄 수 있으며 컨트롤러 상단에 배포된 애플리케이션의 정확한 작동에 영향을 줄 수 있는 다양한 장애가 발생할 수 있습니다. 덜 극단적인 경우 코드가 영향을 미치는 API 호출에 지연 시간을 추가할 수 있습니다. 이렇게 지연 시간이 증가하면 쿠버네티스 클러스터의 다른 부분(예: 컨트롤러 관리자 또는 스케줄러)에 병목 현상이 일어나거나, 확장이 느리게 실행되거나, 실패할 경우 클러스터가 비정상적이거나 느리게 보일 수 있습니다. 어떤 경우든 API 서버 호출 경로에 코드를 배치하는 작업은 신중하게 수행해야 하며, 예상치 않은 결과가 발생하지 않도록 모니터링, 검토, 계획을 세심하게 진행해야 합니다.

13.4.4 생명 주기 예제

어드미션 컨트롤러를 구현하려면 승인 제어 웹훅을 구현해야 합니다. 승인 제어 웹훅은 AdmissionReview가 포함된 JSON 본문의 HTTP POST를 받습니다. 유형에 대한 정의를 더욱 자세히 살펴보는 것이 도움이 될 수 있습니다. 자세한 내용은 다음 문서를 참고하세요. *https://bit.ly/2QmE7ti*

파드를 승인하는 간단한 자바스크립트 서비스를 구현해보겠습니다.

```javascript
const http = require('http');

const isValid = (pod) => {
  // validate pod here
};

const server = http.createServer((request, response) => {
  var json = '';
  request.on('data', (data) => {
    json += data;
  });
  request.on('end', () => {
    var admissionReview = JSON.parse(json);
    var pod = admissionReview.request.object;

    var review = {
      kind: 'AdmissionReview',
      apiVersion: 'admission/v1beta1',
      response: {
        allowed: isValid(pod)
      }
    };
    response.end(JSON.stringify(review));
  });
});

server.listen(8080, (err) => {
```

```
  if (err) {
    return console.log('admission controller failed to start', err);
  }

  console.log('admission controller up and running.');
});
```

AdmissionReview 오브젝트를 가져와서 review에서 파드를 추출하고 유효성을 검사한 다음 응답이 채워진 AdmissionReview 오브젝트를 반환하는 것을 볼 수 있습니다.

그런 다음 registration을 만들어서 이 동적 어드미션 컨트롤러를 쿠버네티스에 등록할 수 있습니다.

```
apiVersion: admissionregistration.k8s.io/v1beta1
kind: ValidatingWebhookConfiguration
metadata:
  name: my-admission-controller
webhooks:
- name: my-web-hook
  rules:
  # register for create of v1/pod
  - apiGroups:
    - ""
    apiVersions:
    - v1
    operations:
    - CREATE
    resources:
    - pods
  clientConfig:
    service:
      # Send requests to a Service named 'my-admission-controller-service'
      # in the kube-system namespace
      namespace: kube-system
      name: my-admission-controller-service
```

모든 쿠버네티스 오브젝트와 마찬가지로 kubectl create -f <web-hook-yaml-file>을 사용하여 동적 어드미션 컨트롤러 등록을 시작할 수 있습니다. 그러나 올바른 Service가 먼저 실행되고 있는지 확인하시기 바랍니다. 그렇지 않으면 이후의 파드 생성이 실패할 수 있습니다.

13.5 사용자 정의 API 추가하기

기존 API를 확장하는 방법을 확인해보았지만, 이러한 수정 방법은 API 서버로 컴파일된 API 집합으로만 제한됩니다. 때로는 완전히 새로운 API 리소스 유형을 클러스터에 추가하고 싶을 수도 있습니다. 특히, 쿠버네티스에는 애플리케이션을 구현하는 데 사용할 수 있는 다양한 API 유형이 포함되어 있지만, 경우에 따라 쿠버네티스 API에 새로운 API 유형을 추가하려고 할 수도 있습니다. 쿠버네티스의 이러한 동적 유형 기능을 사용하면 파드, 서비스, 디플로이먼트와 같은 기본 제공 API 유형 모음을 사용하여 기존 클러스터를 사용할 수 있으며, 마치 원래 내장된 것처럼 보이게 하는 새로운 유형을 추가할 수도 있습니다. 이러한 종류의 확장성은 매우 유연하고 강력하지만, 가장 추상적이고 이해하기 복잡합니다. 최상위 수준에서는 쿠버네티스 API 서버(즉, 쿠버네티스로 컴파일된 것처럼 보이는 API 오브젝트)에 새로운 API 오브젝트를 추가하는 것과 같은 확장 기능으로 생각할 수 있습니다. 기존의 쿠버네티스 오브젝트를 처리하기 위한 모든 툴은 기본적으로 이러한 확장 기능에 적용됩니다.

13.5.1 API 추가 유스 케이스

사용자 정의 API 유형은 매우 유연하여 모든 오브젝트를 문자 그대로 나타낼 수 있을 정도이기에 잠재적인 유스 케이스가 많습니다. 다음 예제는 이러한 가능성의 수박 겉 핥기 수준입니다. 이전 절에서는 쿠버네티스 위에서 실행되는 FaaS의 오픈 소스 구현 방식을 살펴보았습니다. FaaS가 쿠버네티스 위에 설치되면 클러스터에 새로운 기능이 추가됩니다. 이 새로운 기능을 사용하려면 FaaS에서 기능을 생성, 업데이트, 삭제하는 API가 필요합니다. 이 FaaS에 자신만의 새로운 API를 구현할 수도 있지만 쿠버네티스 API 서버가 이미 구현해놓은 많은 기능(인증, 인가, 오류 처리 등)도 구현해야 합니다. 결과적으로 FaaS가 제공하는 기능을 쿠버네티스 API 확장으로 모델링하는 것이 훨씬 쉽습니다. 실제로 널리 사용되는 오픈 소스 FaaS들이 이렇게 동작합니다. 쿠버네티스에 이 FaaS를 설치하면 쿠버네티스 API에 새로운 유형이 등록됩니다. 이러한 새로운 유형이 등록되면 기존의 모든 쿠버네티스 툴들(예: kubectl)은 이러한 새로운 오브젝트에 바로 적용됩니다. 이러한 친숙함 때문에 대부분 확장된 클러스터 사용자가 API 확장을 사용하고 있다는 사실조차 인식하지 못하는 경우가 많습니다.

API 확장의 또 다른 유스 케이스는 코어 OS의 오퍼레이터 패턴[operator pattern][4]입니다. 오퍼레이터를 사용하면 새로운 API 오브젝트가 클러스터에 '운영자'로 나타납니다. 운영자는 소프트웨어의 일부분으로 표시됩니다(예: 데이터베이스 관리자). 이를 달성하기 위해, 쿠버네티스 API서버에 '운영되고 있는' 소프트웨어 부분이 새로운 API 오브젝트로 추가됩니다. 예를 들어 API 확장으로 쿠버네티스에 MySQLDatabase 오브젝트를 추가할 수 있습니다. 사용자가 MySQLDatabase의 새 인스턴스를 생성하면 오퍼레이터는 이 API 오브젝트를 사용하여 적절한 모니터링과 온라인 감독을 포함해 데이터베이스를 자동으로 올바르게 실행하도록 유지하면서 새 MySQLDatabase를 인스턴스화합니다. 따라서 오퍼레이터 및 API 확장성 덕분에 클러스터 사용자는 데이터베이스를 실행하는 파드 대신 데이터베이스를 직접 인스턴스화 할 수 있습니다.

13.5.2 CRD 및 집계된 API 서버

API 생명 주기와 API를 확장하는 프로세스는 모두 기술적으로 복잡하기 때문에 쿠버네티스는 실제로 쿠버네티스 API에 새로운 유형을 추가할 수 있는 두 가지 메커니즘을 별도로 구현했습니다. 첫 번째는 커스텀 리소스 데피니션[custom resource definition](CRD)로 알려져 있으며 쿠버네티스 API 자체를 사용하여 쿠버네티스에 새 유형을 추가합니다. 새로운 사용자 정의 유형과 관련된 모든 스토리지 및 API는 쿠버네티스 자체에서 처리됩니다. 이 때문에 CRD는 쿠버네티스 API 서버를 확장하는 훨씬 간단한 방법입니다. 반면 쿠버네티스는 모든 확장성을 처리하기 때문에 이러한 API에는 몇 가지 제한 사항이 있습니다. 예를 들어 CRD에 의해 추가된 API에 대해 유효성 검증 및 기본 설정을 수행하는 것은 어렵습니다. 그러나 CRD를 사용자 정의 어드미션 컨트롤러와 결합하면 가능합니다.

이러한 제한 사항 때문에 쿠버네티스는 리소스의 스토리지를 포함한 전체 API 호출이 대체 서버에 이양되는 API 위임도 지원합니다. 확장 프로그램은 임의의 복잡한 API를 구현할 수 있지만 상당한 운영상의 복잡함, 특히 자체 스토리지를 관리해야 하는 필요성도 함께 있습니다. 이 때문에 대부분의 API 확장은 CRD를 사용합니다. 위임된 API 서버를 구현하는 방법은 이 책에서 다루지 않으며 이 절의 나머지 부분에서는 CustomResourceDefinitions를 사용하여 쿠버네티스 API를 확장하는 방법을 알아보겠습니다.

....

4 옮긴이주_ 현재는 코어 OS를 인수한 레드햇이 리딩하고 있습니다(코어 OS의 오퍼레이터 패턴, 2016년). 자세한 내용은 다음 문서를 참고하세요. *https://coreos.com/blog/introducing-operators.html*

13.5.3 CRD 구조

CRD를 구현하는 방법에는 몇 가지 단계가 있습니다. 첫 번째는 `CustomResourceDefinition` 오브젝트 자체의 생성입니다. 사용자 정의 리소스는 새 유형을 정의하는 쿠버네티스 기본 제공 오브젝트입니다. `CustomResourceDefinition`을 만든 후에 쿠버네티스 API 서버는 API 웹 서버의 새로운 API 그룹 및 리소스 경로뿐만 아니라, 쿠버네티스 스토리지에서 이러한 새 사용자 정의 리소스를 직렬화serialize[5]하고 역직렬화deserialize하는 방법을 알고 있는 새로운 핸들러로 자체 프로그래밍합니다. 간단한 CRUDcreate, read, update, delete API만 있으면 충분히 할 수 있습니다. 그러나 실제로 대부분의 경우에는 사용자가 사용자 정의 오브젝트의 새 인스턴스를 만들 때 작업을 수행하는 경우가 많습니다. 이렇게 하려면 쿠버네티스 `CustomResourceDefinition`과 사용자가 지정한 정의를 주시한 컨트롤러 애플리케이션을 결합한 다음 사용자가 생성, 업데이트, 삭제하는 리소스에 따라 작업을 수행해야 합니다. 보통 이 애플리케이션 서버는 새 CRD를 등록하는 애플리케이션이기도 합니다. 이 흐름을 그림으로 보면 다음과 같습니다.

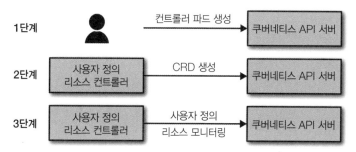

그림 13-1 CRD의 세 단계 다이어그램

일반적으로 사용자 정의 리소스와 컨트롤러 애플리케이션을 함께 사용하면 대부분 애플리케이션에서는 충분하지만, API에 더 많은 기능을 추가할 수도 있습니다(예: 사전 유효성 검사 또는 사전 기본값 설정). 이를 수행하려면 새로 정의된 사용자 정의 리소스에 대한 어드미션 컨트롤러를 4장에서 설명했던 것처럼 API 생명 주기에 삽입하고, 이러한 기능을 사용자 정의 리소스에 추가하면 됩니다.

---

5 옮긴이주_ 다른 컴퓨터 환경에서 재구성할 수 있는 포맷으로 변환하는 과정을 의미합니다. 어떤 오브젝트를 바이트 형식으로 변환하는 것으로 생각하면 됩니다. 역직렬화는 반대 과정.

13.5.4 CRD 설치

모든 확장과 마찬가지로 사용자 정의 리소스를 관리하는 데 필요한 코드는 쿠버네티스 클러스터 자체에서 실행됩니다. 사용자 정의 리소스 컨트롤러는 컨테이너 이미지로 패키지되고 쿠버네티스 API 오브젝트를 사용하여 클러스터에 설치됩니다. 일반적으로 사용자 정의 리소스는 더 복잡한 확장 요소이기 때문에, 일반적으로 쿠버네티스 구성은 단일 YAML 파일로 패키지된 여러 오브젝트로 구성됩니다. 대부분의 경우 이러한 파일은 확장을 제공하는 오픈 소스 프로젝트 또는 소프트웨어 공급 업체에서 얻을 수 있습니다. 또는 헬름과 같은 패키지 관리자에서 설치할 수도 있습니다. 다른 모든 확장과 마찬가지로 사용자 정의 리소스 API 확장의 모니터링, 유지 관리, 삭제는 쿠버네티스 API를 사용하여 수행됩니다.

> **CAUTION_** CustomResourceDefinition이 삭제되면 해당 리소스도 **모두** 클러스터의 데이터 저장소에서 삭제되고 복구할 수 없습니다. 따라서 사용자 정의 리소스를 삭제할 때는 CustomResourceDefinition을 삭제하기 전에 해당 리소스의 모든 최종 사용자에게 미리 알려야 합니다.

13.5.5 사용자 정의 리소스 운영 시 고려 사항

사용자 정의 리소스의 작동 고려 사항은 일반적으로 다른 확장과 동일합니다. 여러분은 사용자가 의존하는 클러스터에 애플리케이션을 추가하게 됩니다. 또한 이 클러스터는 모니터링하고 관리해야 합니다. 확장을 위해 어드미션 컨트롤러를 사용하는 경우, 어드미션 컨트롤러와 동일한 운영 문제가 적용됩니다. 그러나 이전에 설명한 복잡성 외에도 CRD는 상당히 더 복잡해 집니다. CRD에서는 기본 제공되는 쿠버네티스 API 오브젝트와 연결된 동일한 스토리지를 사용합니다. 결과적으로 사용자 정의 리소스를 사용하여 API 서버에 너무 크고 많은 오브젝트를 저장해 API 서버 및 클러스터 작업에 영향을 줄 수 있습니다. 일반적으로 쿠버네티스의 API 오브젝트는 간단한 구성 오브젝트입니다. 대용량 데이터 파일을 나타내기 위한 것이 아닙니다. 사용자 정의 API 유형에 대량의 데이터를 저장하는 경우 일종의 전용 키/값 저장소 또는 기타 스토리지 API를 설치하는 것이 좋습니다.

13.6 마치며

쿠버네티스는 함께 제공되는 핵심 API도 훌륭하지만 필요에 맞게 클러스터의 사용자를 정의할 수 있는 동적 확장 포인트 측면에서도 우수합니다. API 오브젝트의 유효성을 검증하는 동적 어드미션 컨트롤러를 사용하든지 새 CRD를 사용하든지와 관계없이 사용자의 요구 사항에 완벽하게 맞는 맞춤형 환경을 구축하는 데 쓸 수 있는 풍부한 외부 애드온 시스템이 있습니다. 만약 여러분에게 필요한 확장 방식이 없으면 13장을 참조하여 직접 설계하고 만들어 볼 수도 있을 것입니다.

## CHAPTER 14

마지막으로

쿠버네티스는 사용자와 작동 중인 서버를 분리하고 애플리케이션의 핵심 동작에 집중할 수 있게 만들어주는 강력한 툴입니다. 사용자는 쿠버네티스로 애플리케이션을 더욱 쉽고 효율적으로 구축, 배포, 관리할 수 있습니다. 물론 이를 위해서는 누군가가 쿠버네티스 클러스터 자체를 실제로 배포하고 관리해야 합니다. 쿠버네티스 애플리케이션이 그 핵심입니다.

이 책에서 쿠버네티스 API와 아키텍처, RBAC, 업그레이드, 모니터링, 확장 기능과 같은 주제를 정리하고, 쿠버네티스를 성공적으로 배포하고 운영하는 데 필요한 지식을 얻을 수 있기를 바랍니다.

INDEX

INDEX

INDEX

INDEX